梦醒子

一位华北乡居者的人生（1857—1942）

第 2 版

［英］沈艾娣 —— 著

赵妍杰 —— 译

海外
中国史
研究

The Man Awakened from Dreams

One Man's Life
in a North China Village
1857—1942

北京大学出版社
PEKING UNIVERSITY PRESS

著作权合同登记号　图字：01-2008-1454

图书在版编目（CIP）数据

　　梦醒子：一位华北乡居者的人生：1857—1942 / （英）沈艾娣著；赵妍杰译. -- 2 版. -- 北京：北京大学出版社，2024.9. -- （海外中国史研究）. -- ISBN 978-7-301-35398-1

　　Ⅰ. D693.71

　　中国国家版本馆 CIP 数据核字第 202425RY56 号

The Man Awakened from Dreams：One Man's Life in a North China Village，1857-1942
byHenrietta Harrison
© 2005 by the Board of Trustees of the Leland Stanford Junior University
Simplified Chinese edition © 2024 Peking University Press
Translated and published by arrangement with Stanford University Press
All rights reserved.

书　　　　名	梦醒子：一位华北乡居者的人生(1857—1942)(第 2 版)
	MENGXINGZI：YIWEI HUABEI XIANGJUZHE DE RENSHENG
	(1857—1942)(DI-ER BAN)
著作责任者	〔英〕沈艾娣　著　赵妍杰　译
责 任 编 辑	刘书广　张　晗
标 准 书 号	ISBN 978-7-301-35398-1
出 版 发 行	北京大学出版社
地　　　　址	北京市海淀区成府路 205 号　100871
网　　　　址	http://www.pup.cn　新浪微博：@北京大学出版社
电 子 邮 箱	编辑部 wsz@pup.cn　总编室 zpup@pup.cn
电　　　　话	邮购部 010-62752015　发行部 010-62750672
	编辑部 010-62767315
印 　刷　 者	涿州市星河印刷有限公司
经 　销　 者	新华书店
	890 毫米×1240 毫米　32 开本　7.375 印张　186 千字
	2013 年 8 月第 1 版
	2024 年 9 月第 2 版　2024 年 9 月第 1 次印刷
定　　　　价	68.00 元

刘大鹏

赤桥刘牛忠先生惠允使用

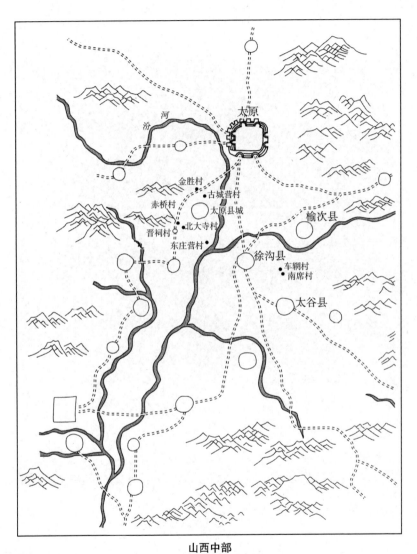

山西中部

来源：美国布道会山西传道区，据沈桂芬山西省舆图改制，1881 年

中 文 版 序

　　我写《梦醒子》并非面向中国的读者。那时我以为，这不是一个中国史家会在著述中大量讨论的故事，而是他们所熟悉的生活背景的一部分。作为一名年轻的西方学者，我对中国的认识多半来自于书本。我对一位举人还要不辞劳苦地为自己的院子铺石块甚感惊讶。但当我和老一辈中国学者讨论自己的写作计划时，他们经常向我提及年轻时在乡下熟识的这类老先生。他们称之为"私塾先生"，这个词很难在英文中找到对应的翻译。当然这个称呼并不完全适合刘大鹏，因为相对于坐馆，刘氏把更多时间花在经营煤矿和务农上。但是"私塾先生"确实描画了这类乡贤——他们受过很好的教育，却依然可能家境贫寒。且在我看来，对刘大鹏感兴趣的中国学者并不需要一本他的传记，他们可以径直去读刘大鹏的《退想斋日记》（乔志强点校本）。尽管该版日记删减颇多，但是基于该日记和刘大鹏的其他文字资料，史学界已有一些出色的研究，比如罗志田、关晓红等人的作品。这些作者熟悉中国传统典籍，故而在阅读刘大鹏日记时驾轻就熟，尤其是他们对刘大鹏的政治思想了解之深，远非我所能及。①

我所预想的读者是英国和美国大学的本科生。因此我在书中对著名的人物和事件都作了简单的解释。我希望中国读者能原谅此举，因为我的目的是用刘大鹏的故事向西方的大学生介绍近代中国的乡村，为他们展现 20 世纪前期一个中国乡村日常生活的鲜活面貌。我也希望能够让这些西方学生反思现代性所带来的悲剧。中国和西方的高中教科书都倾向于将现代化描述成向美好生活持续迈进的过程。我希望在大学里学习中国历史的学生能想到这些遭受进步之苦的人——个人、家庭、地方，甚至或许是整个的中国乡村人口。我希望他们了解，像刘大鹏这么一个正直的好人会将所发生的变化视作有悖于道德。我希望他们通过阅读刘大鹏的故事，能够对他的态度有同情之理解，这将让他们对现代化过程有一个更广阔的认识。②

由于本书被广泛运用于中国近代史的课程，很多西方的大学生确已读过此书。我有些惊讶的是，中国的《历史研究》曾发表了一篇本书的书评，同时很多中国学生对本书也很感兴趣。不同

---

① 这些作品都在本书的书目中列出。随着对晚清和地方史兴趣的兴起，近些年又出现了一些新的作品，例如赵素梅《成就内圣人格——刘大鹏人生观初探》（山西大学 2006 年硕士论文）、行龙《怀才不遇：内地乡绅刘大鹏的生活轨迹》（《清史研究》2005 年第 2 期）等。

② 另一本目的相似的书是张邦梅（Natasha Zhang）的 *Bound Feet and Western Dress*（New York：Anchor Books，1997），书中记述了张幼仪的生活，她是徐志摩想要实行中国历史上的第一桩现代离婚时抛弃的妻子。有中译本：《小脚与西服——张幼仪与徐志摩的家变》，谭家瑜译，台北：智库文化，1996 年。

于他们的长辈，对于这一代学生而言，刘大鹏日记所描绘的世界已经不是他们生活记忆的一部分。也有读者对书中关于现代化的论述、情感的历史、清朝覆亡后儒家伦理不断变化的特性以及本书的其他主题感兴趣。但是我想对于这些读者来讲，这本书最有意义的贡献在于它提供了一种微观史的范例：对一个相对不为人所知的个体生命进行细致的研究，旨在展现普通人的生活经历和思想世界。

微观史学并非历史写作的新文类，但是中国的读者可能并不特别熟悉。这一文类肇端于研究近代早期欧洲的社会史家。其经典著作主要是对法国和意大利的研究，例如卡洛·金兹堡（Carlo Ginzburg）、娜塔莉·泽蒙·戴维斯（Natalie Zemon Davis）、罗伯特·达恩顿（Robert Darnton）、乔瓦尼·莱维（Giovanni Levi）等人的著述。[①]这些史家挖掘近代早期法国和意大利的丰富档案资料，尤其是国家和教会法庭的司法调查，来了解普通人的生活经历。他们深受克利福德·格尔茨（Clifford Geertz）等人类学家的

---

① Carlo Ginzburg, *The Cheese and the Worms: The Cosmos of a Sixteenth Century Miller*（《奶酪与蛆虫：一个十六世纪磨坊主的宇宙》）（Baltimore: Johns Hopkins University Press, 1980）（最早于 1976 年以意大利语出版）；Natalie Zemon Davis, *The Return of Martin Guerre*（《马丁·盖尔归来》）（Cambridge: Harvard University Press, 1983）；Robert Darnton, *The Great Cat Massacre and Other Episodes in French Cultural History*（《屠猫记：法国文化史钩沉》）（New York: Basic Books, 1984）；Giovanni Levi, *Inheriting Power: The Story of an Exorcist*（《承袭的权力：一个驱魔师的故事》）（Chicago: University of Chicago Press, 1988）（最早于 1985 年以意大利语出版）。书中所涉及的西文著作，凡已出版有固定译名的，将注明中译名称，否则不注。——译者注

影响，后者通过在文化语境中分析一件件看似不重要的事件来阐释更广阔的文化面相。[1]他们作品的另一大特点在于他们对叙事的运用。史家通过档案来展开特殊事件背后的故事，或是考察原本籍籍无名的个人的生活，而读者跟随着作者的笔端。这些书读起来很有趣，将读者带入故事之中，但它们也处理更广阔的主题。它们并不是案例研究——通常是用一个例子证明、证伪或推演一个更大的理论。相反，它们通过对人类生活和动机的具体分析来颠覆已经被接受的历史，揭示理解过去的别样途径。

微观史早期的代表作多创作于上世纪七八十年代。并不意外，这一风气也影响到当时研究中国的西方历史学家。史景迁的《王氏之死》（逃离夫家的贫妇）和《胡若望的困惑之旅》（讲述中国人胡若望与早期天主教传教士的欧洲之旅，但最后胡氏发疯了）都是这方面的经典之作。[2]然而明清史料中并不存在像欧洲研究中所运用的丰富的地方档案。同时，欧洲的微观史多关注不为人所知的个人和事件。这些远非中国史家的兴趣所在，那时他们主要关注阐发和辩论民族历史的宏大叙事。微观史的中心任务之一，就是要撼动这种宏大叙事的整体化倾向。因此，这一欧洲的史学写作方法并未立即在中国史学界流行开来，也就不足为怪了。

事实上，《梦醒子》并非典型的微观史。它并非基于档案研

---

① Clifford Geertz, "Deep Play: Notes on the Balinese Cockfight", *Daedalus* 101. 1 (1972).

② Jonathan D. Spence, *The Death of Woman Wang*（《王氏之死》）; Jonathan Spence, *The Question of Hu* (New York: Knopf, 1988)（《胡若望的困惑之旅》）。

究，而是以刘大鹏的日记和其他作品、已出版的地方史资料和口述访谈为材料。但是本书借鉴运用了微观史研究方法的一些基本元素——对个体生命和观念的具体研究、一种叙事的结构，尝试针对 20 世纪初山西农村生活的本质，提出更深的问题。近年来，中国史学界渐渐兴起对社会史、地方史和以人类学方法研究历史（人类历史）的兴趣。学者们也有机会接触到更多的地方档案，尤其是 1949 年之后的档案。与此同时，对口述史的兴趣也日渐广泛。在这样的语境下，专业史家、学生和其他读者可能更有兴趣读到那些让他们接触普通民众生活经历的作品。我希望赵妍杰雅致的翻译能够满足他们的兴趣。

沈艾娣

2011 年 12 月 13 日

致　谢

　　请允许我表达对科大卫教授的衷心感谢，是他推荐我研究刘大鹏，让我从中获益良多。牛津大学圣·安妮学院的青年学人研究奖学金让我得以开始这项研究，随后利华休谟信托基金会（Leverhulme Trust）和高等研究院给了我在普林斯顿大学访问一年的机会，其间我颇受启发，并最终成稿。牛津、普林斯顿和利兹大学的师友对此书倾注了大量心血。我尤其要感谢的是：潘妮·弗兰克斯（Penny Francks）、季嘉珍（Joan Judge）、钟鸣旦（Nicolas Standaert）、琼·斯科特（Joan Scott）和一位利兹大学本科生，他们花了大量时间阅读本书的大部分草稿。陈怀宇帮助我翻译史料。尽管天各一方，程美宝、雅各布·艾费特（Jacob Eyferth）和艾志端（Kathryn Edgerton-Tarpley）和我讨论了书中的许多重要问题。

　　如果没有大量在山西考察的时间，我是不能完成这本书的。我要感谢给我提供考察经费资助的英国人文和社会科学院、各个大学的中国委员会、欧盟—中国学术网络。当然，若离开了山西省社会科学院张正明教授无微不至的关照，我的研究在抵晋后也不可能顺利开展。北京师范大学的毕苑陪我一起作了许多访谈，并参与之后的讨论。晋祠二中的武炯生不仅为我安排了很多访问，并且赠予我多件由他誊录的碑铭复印件，而且他之后又好心地访问了他的邻居和亲戚，并发来详细记录。最后，我要感谢的是所有花时间来向我讲述他们的生活、历史和村庄的人们。正如读者所见，我最诚挚的谢意要送给刘佐卿，他花了大量时间和我谈他的祖父。这些聊天不仅让我更容易理解书面的记载，了解刘家经济景况的细节，而且最为重要的是它让刘大鹏在我眼前变得生动起来。

目 录

序 言 …………………………………………………………… 001

第一章 写作 ……………………………………………………… 011

第二章 儒生 ……………………………………………………… 024

第三章 孝子 ……………………………………………………… 061

第四章 议士 ……………………………………………………… 100

第五章 商人 ……………………………………………………… 136

第六章 老农 ……………………………………………………… 166

尾 声 …………………………………………………………… 194

参考书目 ………………………………………………………… 209

译后记 …………………………………………………………… 221

序　言

　　如今人们可以乘公交车到赤桥村。1996 年我第一次到这儿，穿越稻谷地，到了村庄，司机让我在路的尽头下车。在赤桥，这样的汽车很多都是赤桥人自己拥有和经营的，但是乘务员对我要去那里表现得很惊讶。这个村庄坐落在平原的边缘，它的主干道蜿蜒到小山丘上，是一条从省城太原到本省南部的古道。道路两边的民居多为低矮的传统院落，就像久已废弃的店面，和它们旁边的土路颜色一样。其中的一座就是我要来看的刘大鹏家。刘大鹏的父亲买下它之前，这房子原本是当铺，建筑结实，入口处有小门廊。健谈的老人把我领进房间，告诉我门廊屋檐下曾挂着一块大匾，写着"父子登科"。如今，匾额已去，门后影壁上的精美雕刻也已被削去，只粗略地涂了一层石灰。掀开竹帘，我们绕过拐角，进入四间房屋围着的院子中。这个老人大声喊着刘家人，开玩笑说这是村里唯一由举人铺石的四合院。驻足于此，我们眼前是刘大鹏父母曾居住的主屋，现在住着他大儿子一家。左手边是一间面南且稍小的房屋，刘大鹏生前一直住在这儿。一位穿着黑色衣服的老太太走出来，告诉我她是刘大鹏的五儿媳妇，接着领我们进屋。狭长的房间里，一头是砖砌的炕，菜板和餐桌倚在墙边。另一头隔出里屋，之前也有和对面一样的砖炕，现在摆着两张大铁床。我们进屋时正对着一张刘大鹏的大幅肖像：一本正经——絮得厚厚的丝织上衣凸显了他的严肃和凝重，眉头稍蹙，正对着我们。

刘大鹏家并非我所预料的样子。那个老人笑称石板是举人铺的，我并不相信，清代有功名的人当然不铺石板。房间之小也让我惊讶。我此处的笔记里记了一连串问题：这是刘大鹏居住过的唯一的院子么？他所有的儿子也住在这儿？刘大鹏的儿媳妇和刚嫁进刘大鹏大儿子家的年轻女子很惊讶于我的问题，但他们的回答相当明确：刘大鹏、他的妻子、父母、五个儿子及他们的妻子和孩子都住在这个院子里。我知道刘大鹏和他的儿子都是举人，而举人在清末是颇具声望的。尽管他们没能考中进士而入仕，但举人身份也足以让他们成为张仲礼在 1950 年代的著作中提到的所谓的上层绅士。[①] 他们之下还有很多没能中举的生员。所有这些在科举中取得功名的人形成了中国史家一直提及的"绅士"，并且被描述成在国家和大众之间扮演着协调人的角色。[②] 他们被看作浸淫在通过教育和考试习得的儒家文化里。晚近的研究强调其他权力来源的重要性，这类研究者描写的精英由这些有功名的

---

① Chung-li Chang（张仲礼），*The Chinese Gentry*（《中国绅士》），pp. 6-7.

② Ch'ü（瞿同祖），*Local Government*（《清代地方政府》）.

人和通过贸易、票号发家但不具备功名的有钱人共同组成。①　其他学者研究他们的生活方式，并且勾勒精英的生活和一般百姓的区别，例如写诗、作画和收藏典籍。②　阅读这类已有研究至少给我一个印象，即绅士们生活得富裕，诗书之家生活在宽敞的房间里。

　　当然，传统中国也同时存在着另一种有功名之人的生活景象——贫寒的塾师。众所周知，身无分文的儒生急切地渴望能通过考试获得官位，这正是《儒林外史》挖苦的对象。在我所有的中国朋友看来，刘大鹏正是这样一类人。像刘大鹏这样的人并非一定要坐馆，贫寒的塾师也有些陈词滥调，但是其中反映出的现实却常常被忽略。尽管饱读诗书的贫寒之家也曾出现在英文的中国研究文献中，但是他们的声音多在精英和大众的简单划分中失语。③　这种区分吸引着我们。我们想研究的要么是位高权重者，要么是普罗大众。我们这些外国研究者做如此的区分是为了我们所研究的异国社会更容易为我们所理解，但是我们也过滤掉许多研究中的困难之处。④　本书的一个目的就是质疑我们对中国社会

---

①　Beattie, *Land and Lineage*；Schoppa（萧邦齐），*Chinese Elites*；Meskill, *A Chinese Pioneer Family*.

②　Clunas（柯律格），*Superfluous Things*（《长物：早期现代中国的物质文化与社会现状》）.

③　参见 Smith（明恩溥），*Village Life in China*（《中国乡村生活》）；Hinton（韩丁），Fanshen（《翻身——一个中国村庄的革命纪实》）；Barr, "Fourth School-Masters"；Yeh（叶文心），*Provincial Passages*；Hsiung（熊秉真），*Treading the Weedy Path：T'ang Chen*（1630-1740）*and the World of Confucian Middlebrow*。

④　Wyatt MacGaffey, *Kongo Political Culture：the Conceptual Challenge of the Particular*.

的划分：士绅、商人、农民、精英。我们使用的这些术语究竟有什么含义？遑论家庭，又有哪一个人能够完全归于其中一类？如果身份认同是多重且变化的，那么这又将对我们所讲述的历史叙事有怎样的影响呢？

来到刘家和他的家人见面，也让我思索这些士绅在辛亥革命之后的命运。1997 年当我第二次来到这个村子，人们介绍我认识一个"地主的儿子"——一位姓武的老人家，1949 年后曾在造纸厂当过工人。尽管是有名的技工，他还是很紧张，并且逃避问题，这也正是他 1949 年后所处社会地位的正常结果。刘家倒没有这样的特点。事实上，有一次，刘大鹏的大儿媳妇在我面前不停地大声责骂村支书，控诉 1960 年代他们家大门影壁上的装饰如何被破坏掉。刘家人骄傲地告诉我，刘大鹏的藏书曾经有一整个橱柜那么多，但是却没提及他们自己受教育的事情，他们清晰地把自己归为村中的普通人。虽然学者们认为社会流动性是中国村庄的重要特点，但是史家一直倾向着眼于成功地维持社会地位并且能适应变化的精英阶层。他们看到地方精英越来越多地参与社会活动，努力动员人们支持变革和现代化。[1] 他们也认为，传统精英本负有保护村庄免受政府横征暴敛之责，而在 20 世纪初税收不断增加时，他们失去了权威的正当性，而此时这些精英也

---

[1]　William T. Rowe（罗威廉），"Success Stories: Lineage and Elite Status in Hanyang County, Hubei, 1368-1949".

逐渐移居到城镇中。① 在所有这样的图景中，传统的地方精英仍然保有他们的某些经济、社会地位。刘大鹏的例子不怎么支持这些论述。像他后代的现状告诉我们的，刘家在 1949 年之前已经衰落了。既然我们认为既存精英都得以延续，为什么刘家却日渐没落？当辛亥革命让他们获得官职的梦想破灭后，这些既存的士绅们又如何维持自己的地位呢？这些问题引领我思考两个故事：一个是关于儒家思想，另一个是关于山西省。

儒家思想究竟在人们的日常生活中扮演怎样的角色？当国家放弃长久以来对儒家正统性的维护，它在人们生活中的角色有何变化？刘大鹏仍然坚持着学童时和随后在省城太原的书院里习得的观念。他不停地恼怒自己未达到习得的较高标准，尤其是他认为自己对父母尽孝不足。他努力实践儒家君子之道的行为并不常见：他在书院的同学们多来自富裕之家，他们嘲笑他的那股认真劲儿，村里的邻居和他经常就何为恰当的举止而产生龃龉。但是，即使很少人像刘大鹏一样坚持，他们却容忍甚至尊敬刘大鹏，因为儒家思想曾经被国家认可和提倡。直到 20 世纪之后，国家渐渐放弃儒家价值，而强调新的民族主义和系于国际贸易、大规模城市工业的现代化。儒家思想的论说失去了政治上的流行性，以至于官员们不再听取基于儒学理念的论说，刘大鹏也失去了他所接受的教育曾经赋予的公共话语权。但是儒家思想深深地

---

① Duara（杜赞奇），*Culture, Power and the State*（《文化、权力与国家：1900—1942 年的华北农村》）.

植根于地方社会，并没有简单地消失。对于刘大鹏来说，努力像儒家士绅一样处世构成他身份认同的重要部分，即便他的教育资格已经不具政治实用性，这种努力依然标志着他的身份。他试图将自己的这种身份化为家庭收入的各种方法表明了国家放弃儒家思想之后很久，儒家思想在何种程度上依旧是地方制度的一部分。尤其是在强大的法律框架缺失的情况下，儒家价值观念继续在商业领域扮演重要角色。刘大鹏曾借煤窑的开采、经营和投资谋生，正是在煤矿业的经营管理之中应用着这样的价值观念。调解商业纠纷的大量努力更强化了他在村里商人中的地位，他的价值体系在这样的努力中被认可和接受。儒家思想依旧存在于生活中很多方面——商业、家庭和农业。但是，在缺少国家整合力量的情况下，儒家价值在以上的组织制度中均有所发展变化。

本书中，我使用的儒家思想（Confucianism）一词，即刘大鹏经常指的"圣贤之道"或"孔孟之道"。[1] 在他看来，这正是孔子及其弟子的真正教诲。现代学者们并不同意他的看法，他们可能将他的思想看作新儒家，强调它来源于 12 世纪，然而他的思想却为他的同时代人所分享。我使用儒家思想一词，部分原因是它反映了刘大鹏的观点，也因为宋代儒学和清代的正统一样，都仅仅是这一宏大的哲学流变中的一个短暂瞬间。刘大鹏本身的儒

---

[1] 刘大鹏：《退想斋日记》，乔志强标注，第 143 页。刘大鹏：《退想斋日记（手稿）》（山西省图书馆馆藏）光绪十八年（1892）十月十五日。有可能的情况下，我尽量引用刘大鹏已经出版的作品，但是乔志强的标注本是大幅删减后的版本，因此我经常需要引用手稿本。对于手稿本的引用多为阴历日期。

家思想并非纯粹的宋学，他也受道家哲学观念的影响。但是，这两种哲学观念通过同一套文本传统影响到他，刘大鹏也从来没有公开区分两者，而是作为儒生和未来的官员同时接受了两者，声称自己仅是遵从古代的圣贤之道。

若是在更早的时代，刘大鹏可能会为儒家辩护，使其同大众文化的某些形式相区别，但事实上，他越来越将儒学和他所指的"新"政对立起来。例如他曾言：

> 近年来为学之人，竞分两途，一曰守旧，一曰维新。守旧者惟恃孔孟之道，维新者独求西洋之法。[1]

19世纪80年代至20世纪40年代，他观察到"维新者"及其政策在政治上不可阻挡的上升态势，并为之哀叹。我将这些人称作现代化者，相应地把他们的政策看作现代化的努力。因为在西方的语言里任何政府政策都可能是新的，而刘大鹏所看到的则是一种构建在西化的未来图景之上的特殊政治进程。他将此与儒家思想对立起来，因为儒家追溯的是古代的圣贤。

以上的故事引领我进入了另一层面的历史，即与现代化观念紧密联系的社会变化所导致的山西的乡村及它与商业繁荣和政治权力渐行渐远的故事。我访问赤桥村之后又去了刘大鹏曾坐馆多年的南席村，很明显这些村镇曾经繁荣过。赤桥的大街两边曾经布满商铺，如今已改砌为民居。从大街走下去，狭窄的马路一直通到一个大工厂，里面满是废弃的烟囱和棚屋，村里的造纸厂曾

---

[1]　刘大鹏：《退想斋日记》，第143页。

经坐落于此。南席村和邻近的车辋村中曾经宏伟奇丽、装饰精美的院落和过道，如今挤满了贫民，好像他们只是寄居在那里一样。[①] 这当然部分是由于 1949 年后共产党在 1950 年代和 60 年代通过土改和工业国有化重新分配了财富；但这也是更长的历史进程的结果。在某些情况下，共产党的政策在事实上保存了一些古建筑，这样的建筑在 1949 年前要么被破坏，要么被拆了卖木头。曾经富足的山西乡村在 1949 年之前就已经开始日渐贫困，这要归因于一系列改变了山西地理的政治变革。外蒙古独立、俄国革命、国防重心和贸易中心由内陆转移到东南沿海——所有这些发展将山西从一个贸易主干道变为一个孤立的、交通不便的省份。与此同时，国家和省级政府共有的现代化观念强调将城市化、工业化、出口导向型商业作为强国的基础。[②] 部分地区因此受益，山西的村落则不然。20 世纪初到 80 年代，山西中部的村落由繁荣的工商业中心变为贫困的、基本上是以农业为主的地区。

这些都是宏大的主题，但是我将通过个人的故事来展现它们，因为这正是我感知这些宏大主题的方式。这一取向也让我能够感受到日常生活的细节，从这些细节可以看到社会结构和意识形态如何在实践中互相影响。只有在个人层面上，我们才能看到孝道如何被践行、如何受政治变革影响；假如我们冒进到集体层面，我们将错过很多有趣的故事。同样的原因，我大体上避开了

---

① 车辋村如今已经被修缮，重新规划成为旅游景点。

② Pomeranz（彭慕兰），*The Making of a Hinterland*（《腹地的构建：华北内地的国家、社会和经济》）.

重大政治事件的叙事方式。造反和革命渗入日常生活中，从而增加了其戏剧性，而且最终很有可能改变了它。但是大多数人只是其中的观察者，他们生活中的变革也多半在更长的时段里发生。进而言之，大体上本书以刘大鹏的日记为基础，其中 1900 年、1908—1912 年的内容早已散佚。有可能在日记的手稿本被送进山西省图书馆保存之前，有人将其认为最为重要的年份取走了——其中恰好有 1900 年的义和团运动和 1911 年的辛亥革命。也许从刘大鹏的日记中可以重建这些事件的某些细节，事实上刘大鹏的日记的确是关于山西义和团运动资料的主要来源之一；但这些资料的缺失恰好让我更多地关注日常生活、家庭生活和个人经历。①

　　对个人的关注不可避免地带来一个问题，即刘大鹏具备代表性么？答案显然是否定的。在任何一个社会，写五十年的日记当然非同一般，更不要提他写的其他作品。即便他晚年在田间耕作，也依旧记述每天发生的事情，有时一天记几次。他对儒家思想的虔诚并不为众人所奉行，不过其他人对此的反应反而让我们感受到他的行为如何融入更广阔的群体。另一方面，刘家的经济景况非常普通：刘父在世时，即大致 20 世纪初，尽管称不上村中最富有的，但也是小康之家。他们算是研究近代早期欧洲的历史学家常提到的"中等"，或者算是共产党土改干部眼中的"富农"。20 世纪以降，刘家衰落了。到 20 世纪 30 年代，高粱构成

---

① Harrison（沈艾娣），"Village politics and national politics: the Boxer movement in central Shanxi"；Paul Cohen（柯文），*History in Three Keys*（《历史三调：作为事件、经历和神话的义和团》）.

了他们的每日三餐，他们也付不起取暖的煤钱。在任何人的记忆里，他们都算是穷人。刘家的衰败也构成了在山西大部分地区发生的大进程的一部分。与此同时，我将用他们的故事来说明中国史家曾详细讨论的经济变化。

刘大鹏的情况并不特殊。他常常提到和他处于相同困境的朋友，他的观念和思想正是从他生活的社会和文化环境中养成的。但是我并没有因为他有代表性而写他。真实的人总是非典型的。当阅读他的日记时，我感受到一种要把他还原为个人的义务，而当我和他的家人、邻居聊天时，这种责任感变得更强了。我敬佩他努力践行自己的理想，即使他的很多想法对我来讲如此疏远。（我怀疑他是否愿意被一个异国女子研究：他总抱怨有外国妇女来华旅行，因为"夫妇人原幽闲贞静之人，出门游历则必不能守此四字矣"[1]。）在历史叙事里，伟人常限于伟大的领袖、作家和思想家。[2] 刘大鹏并不属于其中任何一类。当他年轻时，他曾希望自己成为大人物，但像多数人一样，他没能实现自己的目标。我之所以写他是因为我希望他作为一个真实的人——而非任何抽象的某个阶级或者某一类人的化身——能启发我们重新思考生活在 20 世纪中国的变革当中会是什么样子。

---

[1] 刘大鹏：《退想斋日记》，第 146 页。

[2] 这当然是一个过度的简化。娜塔莉·戴维斯（Natalie Davis）和其他学者已经将此方法运用在欧洲史的研究中，强调个人经历，我颇受他们研究的启发（相关的介绍，请参见 Amelung, *The Flight of Icarus*）。在这一领域，也有一些关于中国历史的研究。史景迁的《王氏之死》或许正是这一流派的经典之作。

第一章 写作

1925 年 11 月 25 日，女儿的啼哭吵醒了刘大鹏。刘大鹏睡在主屋，女儿和她年轻的母亲睡在主屋尽头的里屋中。外面仍漆黑一片，然而村里公鸡已然报晓，天马上就要亮了。刘大鹏便起身到那间小里屋去，孩子和妻子坐在砖炕上，孩子笑着。不久，刘大鹏的小儿子——七岁的鸿卿也向妈妈吵着说要起床。当清晨的第一缕阳光洒进来时，和刘大鹏一起睡在外间大砖炕上的两个孙儿——全忠和精忠一定是被这些响动吵醒，也起床开始温习功课了。他们都在晋祠附近的学校读书，在那儿他们读新式的教科书，但是刘大鹏偶尔还在家向他们传授经典。无论哪种情况，读书都意味着要大声诵读。刘大鹏的儿子刘珣一家仍和他父亲住在一起，住在院子对面的屋子里。他的儿子恕忠——刘大鹏的另一个孙子，听到响声后也过来和堂兄们一起温习功课。

看着儿孙们围坐膝下，书声琅琅，刘大鹏感到很欣慰。刘大鹏通常在每天的这个时候记日记。他同儿孙们一起坐在大砖炕上，从床头的大木橱中拿出毛笔、砚台、墨锭和日记。笔已旧了，但是也只能凑合着用。（几天后，他梦到自己得了四支新笔；当他一觉醒来，又忍不住伤感，人们从未曾给过他文具。）年初，他把所有自己能弄到的纸凑在一起，做成日记本，有些是白纸，有些是旧报纸（报纸很脆，但只有单面印字），有些是讣告的背面，还有些是邻镇晋祠药店的广告单页以及特许药的广告。他将这些纸切成同样大小，然后粘在一起，叠成风琴褶，这样就可以在上面写字。当季末写完一本时，他就会用结实一些的纸做个封皮，用纸搓的纸捻将风琴褶的一侧串起来，在日记本的封面上用端正的篆体写上自己的名字，把它放入已存放了写好的百余卷日记的木橱中。他在砚台里加些墨，添些水，磨成浓墨，提起笔，记下了家中此景，结尾处写道："此乃天伦之乐，何乐如此？"①

　　三十多年前，刘大鹏就开始写日记了。那是 1891 年，他在一家经营票号和贸易的富家坐馆授徒。这家人住在太谷，离刘大鹏老家赤桥村有一天的车程。写日记并不是一件大不了的事。对于日记何时出现在中国的问题，当时的学者颇有分歧，但是最迟到唐代（7—9 世纪）已有人开始记日记。因为时兴写日记，人们也开始议论此事。很多日记都被出版，当然其中大都是名人和富人的日记。这些日记的内容已有制式：每篇日记开篇先简述天气，然后就是当天的活动——如晤面或一同赴宴之人的名字，也

---

① 刘大鹏：《退想斋日记（手稿）》，民国十四年（1925）十月初十日，民国十四年（1925）十月二十五至二十七日；刘大鹏的孙子刘佐卿生于 1926 年，1999 年 9 月 6 日在太原第一电厂的采访，1997 年 9 月 8 日在赤桥的群体访问和对话。

有记录作者当时所访景致的描画及所赋之诗词。①

刘大鹏开始写日记不久，他就开始读二十年前已去世的曾国藩的家书。刘大鹏非常敬仰他，并且把曾国藩给子弟定下的修身规范抄在日记里。曾国藩曾告诫诸弟在日常处事中要敬畏严肃，日省，早起，每读一书则读毕，每日读史书十页，记日记，写下每日所得，每月作诗和策论以保持文学能力，不多言，不发怒，戒精疲力尽，早饭后习书法，夜里不外出。为保存日记，刘大鹏也在日记里写下一些具体的规则：汝必用正楷书写；记录所有己身、己心和言语之恶；汝需终身写日记而不能间断。② 刘大鹏十分重视这些准则，而正是这些准则使日记成为他日常生活的一部分。他每日早起，冬天便点盏灯，然后静坐片刻。随后，他读一节历朝史志，晚年则是读一份报纸，然后开始写日记。他书写工整，并用日记来日省己身。有时，他将偶得的诗文札记抄在日记里。读曾国藩劝诫之前，他的日记偶尔中断，但是读过之后就再也没有间断过。

起初，刘大鹏的日记基本上都是关于道德反省之事，皆如曾国藩在劝诫中所设想的一般。刘大鹏提醒自己要耐心，退而自省，切忌争论，更不可妄评他人。③ 他所选取的那些个人缺点让

---

① 陈左高：《中国日记史略》，第2—3页；《清代日记汇抄》。

② 曾国藩：《曾文正公全集》第一卷，第23—24页。刘大鹏：《退想斋日记（手稿）》，光绪十八年（1892）三月十四日。

③ 刘大鹏：《退想斋日记（手稿）》，光绪十八年（1892）三月初四日，光绪十八年（1892）三月初九日，光绪十八年（1892）三月十一日，光绪十八年（1892）三月十二日。

我们得以窥见他的品性，但却对他的个人生活很少涉及。不过不久之后他就开始以轶事来阐释自己的反省。1892 年夏，他回顾在太原书院学习的情形，记录了一个梦境，讲他和几个锄地的农人之间关于天气的提振人心的对话。他对诸人说："上帝以好生为心，不久即大塘霖雨。断不至使旱鬼为虐，致困苍生。吾等只顺天行事，自可沾夫膏泽，家皆欣然。"① 这是他日记的典型写作方式。每日起床后先写日记，静坐、读史，这意味着他的很多日记一开始就反省自己的不足。这种将事件置于道德框架的倾向一直持续。这绝非仅是写日记的习惯，这种道德框架是刘大鹏理解自己及周遭一切的一种重要方式。可以这么说，日记是他实现自我期许的一种方式。

当刘大鹏开始写日记时，他希望有朝一日自己能够名闻天下，日记也能像曾国藩的那样出版。大体而言，写日记也是练习书法和准备科举的好办法。但是，随着时光流逝，记日记本身就有了动力，也与他每况愈下的个人境遇盘结在一起。经年累月之后，日记记满了日常生活的点点滴滴，从早到晚他都会去记日记。正如本章开头所描述的 1925 年深秋的那个清晨，他描写了家中此景，晚上他又写了另一则日记，讲县税务公所邀请他到镇上看戏的事情。一位和刘大鹏幼子年龄相仿的人还记得他晚年写日记的情形。此人曾戏言刘大鹏端坐在砖炕上，从眼镜上面瞥出

---

① 刘大鹏：《退想斋日记（手稿）》，光绪十八年（1892）四月初三日，光绪十八年（1892）四月二十一日，光绪十八年（1892）四月二十二日。

窗外，看到三架飞机飞过，于是就写下"今日，三架飞机飞过"。[①]
像这样的日记则背离了曾国藩所训导的日记写作规范，刘大鹏有
必要为自己一辩。他 1900 年的日记中充满了对当地拳民运动的
关注，在 1901 年他写下：

> 先辈言"日记不宜登时事也"，余之日记时事多。以身
> 处乱世，心无所寄，惟于日记册中聊寄慨叹而已。[②]

日记给身处纷扰和焦虑之中的刘大鹏带来了些许安慰，但是多数
日记既非道德反省，也非时政新闻。如下是刘大鹏 1915 年返回
赤桥时所写的一则非常典型的日记：

> 2 月 11 日
>
> 初晓思之，自己无能躬耕畎亩，自食其力，不汲汲于富
> 贵，反以今之仕宦者非，窃笑其不能守节义也。
>
> 今朝又冻。
>
> 觅佣种田，予亦露体涂足以修田阡。佣则耕田，一日未
> 辍。予到晚间，遂觉困倦，劳苦亦甚矣。[③]

刘大鹏颇重视农活，视之为自己对亡朝的遗忠，但是其意义远不
止此。当刘大鹏描述他和所雇长工的分工，单单将自己的日常生

①　刘大鹏：《退想斋日记（手稿）》，民国十四年（1925）十月初十日；罗志田：
《科举制的废除与四民社会的解体》；郑湘琳（赤桥村民，前镇长），1999 年 8 月 3 日
和 2000 年 8 月 2 日的采访。类似的日记参考刘大鹏：《退想斋日记》，第 443 页。

②　刘大鹏：《退想斋日记（手稿）》，光绪二十七年（1901）四月十三日。

③　同上书，民国四年（1915）二月十一日。

活记录下来就赋予其重要性。在一个珍视文字的社会里，尤其如此。因其"敬惜字纸"，如今村里人依旧记着他：在门外，他看到一片纸，或者有字的东西，就捡回家，恭敬地烧掉。[1] 把单调的日常生活写下来，他给原本普普通通的生活赋予了一种特殊的价值。通过将个人生活置于国家和地方事件的语境之中，他将自己从湮没无闻中拯救出来。

但是刘大鹏写的远不只是日记。刘大鹏的家人说他过世时，房间的木橱里有超过四百卷薄薄的手稿，其中半数是日记，其余是别的作品。根据他的墓志铭，日记之外尚有263卷作品。其中包括方志、游记、重修防洪堤的规划、地方神异集、家谱、家规、自传、四十八卷文以及洋洋九十三卷诗。方志和日记都保存在山西省图书馆，但是没人对其中的诗文感兴趣。赤桥造纸业兴盛，"文革"时很多旧书被扔进缸里，变成了纸浆。即便如此，在墓碑上刻的书目也并不完整：山西省图书馆藏有刘大鹏写给当地政府的请愿书，即《太原县现状一瞥》和十四卷《"共匪"扰晋纪略》，后者主要是刘大鹏晚年从报纸上搜集并誊写下来的。[2]

刘大鹏的所有作品中，他个人最珍爱的是他编纂的地方

---

[1] 当地史家武炯生2000年8月25日来函。

[2] 刘大鹏：《退想斋日记》，第613—615页。我搜集到的现存资料有：《晋祠志》（慕湘、吕文幸点校）。出版资料包括：《柳子峪志》《明仙峪志》《重修晋祠杂记》。已出版的文稿包括缩减版的《乙未公车日记》《桥梓公车日记》《退想斋日记》（乔注）；《潜园琐记》的缩减版见乔注《义和团在山西地区史料》；《太原县现状一瞥》《"共匪"扰晋纪略》的手稿见山西省图书馆；《晋水志晋河志》手稿为赤桥温杰所有。

志——《晋祠志》。偶尔列举自己作品时，他将此列为首位。方志通常是地方官或者致仕官员带头整理的，以期对地方施政有所裨益。太原县的第一本方志于1552年出版，并且于1713年和1826年分别编纂了新版本，1882年又添加了一则附录。刘大鹏对方志的兴趣和19世纪80年代经世致用的学风相吻合，那时他正在太原学习。他依照制式编纂，描述了庙宇、楼台、山川、古建、宗教节日、铭文题刻、学堂、居民及植被等；他誊录了关于本地的诗文，记述了灌溉体系和历史时间，最后一节则收录了当地的神异志，冠以"杂记"之名。因袭的制式让它看起来像是官修的，但实际上并非如此。刘大鹏记述的时间之长远超此前出版的太原县志，且仅记述了今日被视作晋祠镇的部分太原地区，因此其中的不少内容难免是由刘大鹏亲笔所作。换言之，正因为这项编纂完全是个人行为，并无任何官方资助，刘大鹏才能通过其中一抒己见，甚至能记些个人的经历。正如当描述晋祠时，他回忆起儿时父亲带他游历此地的景致，而这在正统的方志里是很难想象的。刘大鹏的《晋祠志》不仅是当地在某个特定历史时段非常详尽的描写，而且也带有浓厚的个人色彩。①

然而究竟谁是刘大鹏心中的读者呢？他的四百卷作品在生前都未曾出版。当然这并不影响手抄本的传阅。很明显刘大鹏写

---

① 刘大鹏：《"共匪"扰晋纪略》卷1，第1页；《太原县志》，第1552页；《重修太原县志》，第1713页；《太原县志》，第1826页；《太原县续志》（太原县志附录），第1882页；参阅 S. Amelang。

《晋祠志》的目的就是供当地人参考之用：刘大鹏在序言中解释道，之所以有讲述晋水灌溉制度的一节，是因为控制这条河流的村庄禁止外村人看他们的记录，这曾引起不少纷争。可以确定的是至少有三位刘大鹏的朋友读过《晋祠志》的手稿，并分别为之作序；刘大鹏之父曾为此作序；为了定稿，刘大鹏的前四子都帮忙抄写、校对草稿。多年后，刘大鹏还向县政府进呈一册。他当然希望《晋祠志》能被出版，至少为人传阅，但是我怀疑他晚年是否曾想到过自己的日记会被出版。与他的多数文稿相比，日记写在质量最差的纸上：晚至 1936 年，刘家此时几乎一贫如洗，他还为《"共匪"扰晋记略》尽力寻找平整的纸张，尽管有些粗糙；可早在 1925 年他记日记所用的纸张已经是草纸了。当他不在家时，孩子们当然经常把他的日记偷来阅读，但是刘大鹏大抵并不知晓。刘大鹏在日记中没有提到任何人曾读过他的日记，同时也几乎没有任何迹象表明他自己曾重读旧时日记。然而，日记和其他作品一起存放在他房间的木柜里，也被列入刘大鹏碑铭中所记载的作品。刘大鹏或许不期望有人能读到，然而日记像其他作品一样，他所写下的是本可为众人所读到的文字，或许读者也能感到道德上的提升。①

　　事实上，在刘大鹏的观念里，写给别人的书籍和记载私事的日记之间并不存在什么区别。从刘大鹏编入方志中的两篇自传中

---

　　① 刘大鹏：《晋祠志》，第 1—8、11 页。刘大鹏：《退想斋日记》，第 447 页；1999年 8 月 6 日对刘佐卿的访谈；罗厚立、葛佳渊：《近代中国的两个世界》，第 10 页。

可以看出，他并不怎么关心要搞明白自己是谁，相反他更关心给自己赋予一个特定的角色，并克服个人情感和经历与这个自我设定的角色之间的张力。在这些传记里，一如在他的日记里，刘大鹏不仅仅是在写作，也在给自己创造一个可以在日常生活中践行的身份认同。这些传记被录在他所作的地方名贤传的最后，文章题为《卧虎山人》和《梦醒子》。《卧虎山人》中记载：

> 山人不知何许人也，家于卧虎山麓，因以为号焉。生而顽钝，年七龄甫能言。及长性嗜读，而解悟恒稀。每读一书，知其大略，即置而他读，故于书中之奥旨微言，瞆瞆焉莫能洞澈。但于古人书，见前世结缨、射书、击筑、弃印诸贤豪，与急难奇节、志士仁人，未尝不慷慨悲歌泣数行下也。

> 又嗜酒，然量狭莫能豪饮。少饮辄醉，醉不至荡检逾闲。家贫不能长得酒，得之辄饮。且好独酌，不愿与人共之。

> 年近不惑，举于乡。凡两北上，而两困公车。因无志进取，倨见青山，傲视白云，得失穷通，均置诸度外。

> 饮水啜菽以承欢二亲为乐。酷好山水，爱远游，特以家贫亲老，不敢放浪其形骸。惟于桑梓山水处，徒步往游，饮酒赋诗，啸咏终日，萧然以尽其意。

> 最喜耕，每诣田畴，邂逅园翁溪友，话桑麻，说秔稻田，量晴校雨，探节数时，相与剧谈，一饷辄秉耒而耕，与佣保共劳苦。然躬虽耕也，而心已忘其为耕矣。非特忘其耕，且忘其所以耕。非特忘其所以耕，且并耕者而亦忘之。

得非伏处畎亩之中，而有甚可乐者乎。乐莫乐于心与物俱忘，尤莫乐于耕以养亲教子耳。躬耕不足，仰事俯畜之资，又尝藉舌以耕之。不喜与富贵人交，其羽客缁流亦皆谢绝，惟与樵夫、钓叟、山农、野老相往来。理乱不知，黜陟不闻，芝桂为伍，麋鹿同曹。

内不汩于利欲，外不婴于世故，随所处而足，随所至而安，随所遇而乐。卉衣蔬食，逍遥天地间，无斯须之顾虑，视轩冕钟鼎如梦中也。同年某与谋仕宦，山人笑而不言，亦惟逊谢而已。在蛊之上九云不事王侯，高尚其事，其山人之谓欤！①

这是刘大鹏的自我观感，它建立在隐士这一古老的理想之上，尽管陶渊明诗中提到的渔夫和桑树在山西的这个地方是找不到的。②

自传《卧虎山人》显然记载了刘大鹏 1903 年写就此篇之前的主要经历，而赤桥也的确坐落在卧虎山脚下。刘大鹏曾受过标准的经典教育，其间也曾耽溺于任侠仗义的故事。在村塾读书多年后，刘大鹏开始尝试科举。他在 1878 年通过了县试，1894 年通过了乡试。1895 年和 1898 年他两度进京赶考，但均报罢。此后，他和父母在一起生活，常去村后的山边散步，在田里干活，平日

---

① 刘大鹏：《晋祠志》，第 656—667 页。

② 陶渊明：《陶渊明作品全集》，第 370 页；也参见：Owen（宇文所安），"The Self's Perfect Mirror"；邝龑子：《陶潜和汉诗的传统》；Wu Pei-yi（吴百益），*The Confucian's Progress*；Davis，"The Narrow Lan"。

生活着实清贫，三餐也皆以素食为主。有趣的是，刘大鹏很少提及他十年的坐馆经历。即便他写自传时正是一位塾师，但在别家坐馆与自我设定的形象不相吻合，因此这一段经历被略去。他也省略了妻子和孩子。他在十几岁时就和一位邻村女子结婚，并育有四子。家庭生活对他很重要，但是这和他试图传递的自我形象也不吻合。

　　将自己看作卧虎山人对刘大鹏很重要。他把自己想象成隐士，拒绝入仕，选择田间寓居，这一形象也不断地出现在他的文章里。编纂完《晋祠志》之后的几年里，他曾参与地方煤业，并记录了两座煤峪。其中他反复将这些山谷形象比作"桃花源"，暗指陶渊明那些理想田园生活的名句。当陶渊明赞美农夫生活之乐时，他正在农夫生活与显贵身份之间挣扎。陶渊明是统治阶级中的一员，而把自己想象成农民。人们极有可能也以这种方式读刘大鹏的日记，但我想是否可以更准确地说刘大鹏本身是农夫，却将自己想象成统治阶级的一员。正像传统的隐士，陶渊明有意识地拒绝官位；然而刘大鹏在会试中名落孙山，因此他并没有机会入仕。对他来说，卧虎山人的形象是一种安慰，一种对地方社会地位的要求，一种面对失败而保持体面的方式。①

　　刘大鹏的另一自传为《晋祠志》里所写的《梦醒子》。梦醒子也是他多处为《晋祠志》亲作文章时用的笔名。梦醒子是不由自主的做梦人：

① 刘大鹏：《晋祠志》，第 1375 页。

> 髫龄时常梦梦。及长梦更多，始焉怪其梦之何其纷，继焉诧其梦之何其幻。①

最终，他意识到人生如梦，但是他不能从此梦中醒来。② 他做了一个特别的梦，一个导致他态度转变的梦，此后他就使用梦醒子作笔名：

> 癸巳冬至月，梦醒子于延庆节前一日，夜梦一人，形容甚古，眉分八采，目有重瞳，耳大准隆，口方须紫，面肥色润，身体魁伟。望之俨然，即之也温，听其言也厉，年可六十余，不知何许人也。亦即观止，不觉肃然起敬。进而请业曰："晚自为学以来，暴弃自甘，未尝修德，厉行改过，而于孝弟忠信礼仪廉耻亦未请求。惟是饱食终日，虚度光阴而已。年已三十有七，德行一无所成，学业一无所就，思之大罹，悔念丛生。悟已往之不谏，知来者之可追。希圣希贤，有志未逮。愿夫子俯以教我。"

> 老者曰："有是哉，子之请也。吾年虽迈，其实未尝学问。子今向吾请益，殆不啻问道于盲，借听于聋，未见其得者也。"

> 梦醒子益知为非常人，再三请益。乃告之曰："子欲学为圣贤，从事诚敬足矣，无庸他求。古圣先贤无一不是从诚敬来者。"梦醒子闻之，恍如冷水浇背，忽然惊醒，倚枕默念

---

① 刘大鹏：《晋祠志》，第 657 页。
② 参见 Fitzgerald（费约翰），*Awakening China*（《唤醒中国》）。

曰："梦何奇耶？生平大病，莫甚于不诚不敬，坐是吃亏不小，于今梦寐中得闻至教，是对病发药也。"

乃知从前竟在梦中过活，今日方才梦醒耳。[1]

同卧虎山人一样，梦醒子这一形象也是从刘大鹏读书入仕的自我认知和现实情状之间的冲突中生发出来的。但是与卧虎山人相比，梦醒子的形象更为复杂且更加引人入胜。在梦里，这位奇特外表的老人看似神仙，可能是道家神仙吕洞宾，晋祠附近供奉吕洞宾的道观也是刘大鹏常去的地方。数行之后，刘大鹏提及了一个有名的传说，讲的是吕洞宾巧遇一个试子，在吕洞宾用小米熬粥的时候，试子睡着了且梦到自己飞黄腾达，醒来之后，才知道原来只是美梦一场。吕洞宾向试子解释说任何世间的成就全是一场空梦，这是典型的道家观点。刘大鹏领会了这个观点，并将此嵌入儒家的价值观里，因为在他的梦里，仙人教给他的正是儒家道德的核心理念，也是清代官方宣扬的道德："汝所需不外诚敬。"[2] 得到这样的忠告，刘大鹏感到如被冰水浇背。梦醒来后，他已领悟儒家伦理体系的核心，同时也明白了尘世功名的虚妄，然而儒家道德秩序却是建立在道德和权力的联结之上。当他把自己称作梦醒子时，刘大鹏说的正是自己同政治权力的疏离，但是他也指出了儒家道德秩序的脆弱和复杂。

---

① 刘大鹏：《晋祠志》，第 659 页。

② Ng On-cho（伍安祖），*Cheng-Zhu Confucianism in Early Qing*, pp. 96–97；Munro（蒙罗），*Images of Human Nature*, pp. 112–132.

第二章　儒生

　　刘大鹏在自己编的家谱里将祖上追溯到后汉皇帝刘知远。据当地的传说，后汉覆亡后，这位皇帝并没有死，而是躲进深山，居于瓦窑村。他成了当地民间供奉的神祇，享受着自居其后代的瓦窑刘家以及至少平原上一整个村子的祭拜。将祖先上溯到皇帝和地方神祇虽然颇能为家族增光添彩，但是要追溯如此久远的先祖则表明了家中晚近缺乏功成名就的人物。刘家最早定居赤桥的先祖可能是 18 世纪从瓦窑迁来的工匠。赤桥村民善造纸，这为青年劳力提供了稳定的工作，也吸引着外来的移民。19 世纪时，赤桥村居住的人口已远多于本村土地所能供养的数量。刘大鹏的父亲刘明生于 19 世纪 20 年代，那时的刘家居住在一个狭小的、破败不堪的院子里，仅有两三间房子。同村里其他人家一般，他们家也是地无一陇。①

---

　　① 刘家家谱已遗失。刘大鹏：《晋祠志》，第 144—145 页；1997 年 9 月 8 日对赤桥村民的访谈；1999 年 8 月 6 日，1999 年 9 月 6 日，2001 年 7 月 28 日对刘佐卿的访问；《兰村、赤桥、纸房三村之造纸调查》，《新农村（太原）》，1933 年 3—4 合刊。

刘明并没在造纸业谋生计，相反，他和来自各个社会阶层的很多山西人一样，离家经商。大山虽然阻隔了山西与华北平原和沿海的交通，但是却形成了中原与蒙古、俄国草原带的联系通道。从15世纪到17世纪，蒙古曾是中国主要的战略前沿，政府许可大批商人经营盐、茶贸易，供给边疆军队。近水楼台，山西人获得了这些特许权，建立贸易网，这一网络涵盖东南沿海福建的茶园，北边天津附近的盐场，以及蒙古边境可购入马匹牲畜的贸易站。17世纪中叶的中原和蒙古一带变成日益扩张的清帝国的一部分。自此，特许贸易结束了，但是山西的大商贾拥有区位优势，利用在蒙古的新机会，他们跟随清军的脚步进入了蒙古。他们出售从汉地运来的茶叶、丝绸和其他日用品给蒙古人，经常借款给蒙古人让他们购买这些东西，并将蒙古的牲畜转手销到内地。这样的生意利润丰厚。因此，在18世纪早期，清朝和俄国在边境城市恰克图签订贸易协定，允许边境贸易，很快就为山西商人垄断。茶叶和丝绸被出口到俄国，羊皮、毛衣、铁、革、牲畜则被进口到中国。19世纪是贸易最繁荣的时期，那时俄国紧随英国之后成为中国第二大贸易伙伴，俄国出口到中国的产品，六成都经过恰克图。[①]

国际和国内贸易的利润流进山西，晋商大院就坐落于此，那

---

① 张正明：《晋商兴衰史》，第79—82页，全书随处可见；渠绍淼、庞义才：《山西外贸志》，第29—103页；Gardella，"Qing Administration of the Tea Trade"；李三谋、张卫：《晚清晋商与茶文化》，《清史研究》2001年第1期。

里也充满了机会和财富。一位清代官员的说法广为流传，（当提议课税时）他说广东和山西是全国最富裕的省份。这说明了 19 世纪中叶的情况，那时中国东部和中部很多地区受到起义影响，然而这也折射出人们心中的山西形象。曾于 19 世纪 60 年代在中国北部旅行的韦廉臣（Alexander Williamson）写道：和其他地方比起来，山西的城市更多且更繁荣。同时他发现山西的乡村也同样富裕繁荣，有着大量的进口货物，包括大量的俄国布匹和羊毛。刘明曾告诉刘大鹏，赤桥曾经繁荣到可以一年接连演戏三天的程度。商业如此重要，是故年轻人多离家经商，赚钱供养居乡之家人，骎骎而成风气。1935 年，经过多年的经济萧条，太谷的一个村落仍然有 36 人在镇上工作，14 人在外村，24 人在山西的其他村子，28 人在其他省份，主要集中在东北的伪满洲国。这是全村百分之十七的男性的情况，但这些人多为十八九岁到二十八九岁的青年男性，若以此年龄段计算，则比例超过了百分之三十。刘明离开赤桥，到平原另一侧的太谷县李满庄经营一家生木店，销售家具和棺材。他在那里一直工作到七十多岁，只在新年或什么重大节日才偶尔回家。在他儿子眼里，刘明是一个事业心强且意志坚决的人。他的生木店生意很好，赚的钱为家人盖了新房子，也在赤桥购置了一些土地。尽管不如赤桥的另外两家富户，刘家也算殷实体面。刘大鹏的教育是他父亲最大的成就。[①]

---

① 刘大鹏：《退想斋日记（手稿）》，民国十四年（1925）正月初八日；Williamson, *Journeys in North China, Manchuria, and Eastern Mongolia*, pp. 1-160；安介生：《清代山西重商风尚与节孝妇女的出现》，《清史研究》2001 年第 1 期；武寿铭：《太谷县官家堡村调查报告》，第 17—18 页。男人们在二十多岁的时候返乡成婚。

刘大鹏出生于 1857 年。在他晚年，他依旧记得儿时村里的繁荣景象，尤其是过新年时，灯笼、烟花、村民的秧歌表演。他是父亲的长子，父亲偶尔回家时，会带他去逛庙会，参观晋祠附近的大寺院。刘大鹏还有一个弟弟、一个妹妹一起玩耍。后来，他回忆自己的童年充满了欢笑、哭泣、吃喝、唱歌、跳舞和蹦蹦跳跳。男孩儿们成群结队地玩耍。他们爬树，冬天则在池塘边的冰上寻找快乐，玩捉迷藏，在竹篓里养蟋蟀，捕鱼等等。但是，他们玩的多数都是要求技能的竞争性的游戏：向满是尘土的坑里扔石子；用小石子或羊骨"抓子"；打呦儿击"胖猪"，用小木板去打从地上弹起来的小木块（打的人要准确地猜中木块掉在多远的地方）；用石子儿在土地上画格子的游戏。像其他孩子一样，在游戏中，他们也会模仿大人的世界。有时，男孩子们扮演阎王和判官，捉来另一个男孩儿盘问。另一个比较流行的游戏相对复杂，叫作"打喔喔鸡"。从男孩子们站立的一条线开始，石子逐个排列。孩子们给石子起了名字，最远的叫公鸡，然后是判官，最近的是小鬼，然后是猪。孩子们轮流站在线上，用另一个石子掷那些排列好的石子，打到哪个石子，就扮演哪个角色，直到喔喔鸡被掷到。掷到阎王的孩子可以命令小鬼去惩罚猪。刘大鹏进学之前，也一定很熟悉世界是通过技能竞争带来权位的，而权位和官职、阶层联系在一起。①

---

① 刘大鹏：《退想斋日记》，第 17、19 页。刘大鹏：《退想斋日记（手稿）》，光绪十八年（1892）十月三十日；1999 年 8 月 6 日对刘佐卿的访问；2001 年 8 月 2 日对北大寺村民的集体访问和一般对话；武炯生 2000 年 8 月 25 日来函。此处描写的游戏在 20 世纪 20 年代的北大寺和赤桥村曾流行。

刘大鹏八岁进学。他的老师叫刘午阳，一位在赤桥教书的生员。这是间普通的村塾，先生的收入是学生父母送来的少量束脩。男孩子们自己搬来桌椅板凳，夏天就把它们摆在房檐下，冬天则放在火炕上。住在附近徐沟县的刘文炳是刘大鹏的熟人，曾记录有学童入学时，孩子的父亲携学生持书来塾，并带有食物，作为给老师的礼物。在私塾，有一处给孔夫子烧香的神龛。新学生在孔子的牌位前叩头，然后向老师行跪拜礼。随后学生们互相行礼。父亲为孩子准备一餐，随后才离去。多年后，刘明曾告诉刘大鹏，送他进学的主要目的是希望他能光耀门楣，同时也希望他将来能够睦邻友好，尊师敬友，正直温良，博施济贫，疾贪寡欲。刘明的话正展现了教育作为社会流动手段与作为道德教化的两种功用之间的紧张关系，这些话困扰了刘大鹏很多年。①

教育带来荣耀主要是因为它提供了入仕的机会。在学校表现好的学生就会准备科考。获取功名最低的考试是县试，这给他们在地方社会带来相当的威望。生员才可以参加乡试，考中举人后才能进京赶考参加会试。一旦通过科举，他们可以进入国家官僚系统，进而上至社会等级之顶点，为家族带来富贵荣华。即便孩童时代的刘大鹏也理解取得功名对父亲的重要性，那时刘父通过了竞争不那么激烈的武举，这需要体力的竞技比赛和关于兵法的书面考试。武生在山西农村很普遍，武术是颇受欢迎的健身活

---

① 刘大鹏：《晋祠志》，第 651—652 页；刘大鹏：《退想斋日记》，第 9、613 页；刘文炳：《徐沟县志》，第 348 页。

动，但仍给家庭带来荣耀：家里的墙上，刘明挂着弓、矛和盾。①
或许部分因为科举考试中绝大多数人都会名落孙山，成功之后
就声名鹊起。刘明可能希望他的儿子学会读写，随后到商界作
学徒。因此，当他对儿子说上面那番话时，他平衡了科举中带
来荣耀和作为道德培养的教育之间的冲突，教育孩子成为乡里
好人。

教育被看作是道德灌输的形式主要是因为教材的性质。像其
他同代人一样，刘大鹏一定从背诵一两本启蒙读物开始。然后，
刘午阳直接带着学生读带有许多道德内涵的经书：《孝经》和《大
学》。刘大鹏随后开始读四书中的《论语》。读完四书，他开始记
诵所有科考必备的经文。此后的十五年时间里，他背诵了《诗
经》《尚书》《周礼》《礼记》《易经》《春秋》及古代的《左传》和
《仪礼》，最后是更古老的《公羊传》和《谷梁传》。年满十五岁
时，他能够背诵所有这些书，他计算了下大概有 626306 个字。大
量记忆占了他接受教育的大部分时间。他可能带着书本到先生刘
午阳那里，由先生决定日课多少，句读经文，大声朗读。作为学
童，刘大鹏一定先跟着先生读书识字，直到他可以正确读字，才
回到座位大声朗读该篇文章。教育专家认为每篇经文在初学时至
少诵读了两百遍，更可能是三百遍。不断重复背诵，确实刻入脑

---

① 1999 年 8 月 6 日对刘佐卿的访问；刘大鹏：《退想斋日记（手稿）》，光绪十
八年（1892）九月十九日。关于武举参见刘文炳：《徐沟县志》，第 349 页。

海：刘大鹏一生都能对孩童时背诵的经文信手拈来。[①]

刘大鹏的学习纲目是政府为科举而设立的，但是经文本身的大部分已久被认为和孔子相关，人们或者认为孔子读过并认可这些经书，或者认为这些是孔子弟子的作品。（唯一号称是孔子亲自所作的是《春秋》。）这些所谓经典的文本事实上仅是大量文类各异的文献中的一部分，经历了多个世纪编纂而成，但是通过筛选并且规定人们使用一套标准注疏，清政府限制了可能诠释的范围。注疏依照 12 世纪发展起来的诠释风格，强调经书的义理。刘大鹏在梦中从神仙那儿领会到的诚和敬的价值，正诠释了儒家经典的核心。

三四年之后，大部分孩子离开学校，刘大鹏一定是比较出色的一个，因而刘明决定让他继续读书。他那时一定开始为"始授意"付新学费，于是先生开始传授他经典的内容。作为先生，刘午阳强调经典的道德和哲学内涵，尽力让他的学生们不要仅仅局限在如何通过科举考试的技巧上。很多私塾老师用高头讲章去解释经典，但是刘午阳解释每篇的内容，并且用最近的事件和地方人物来解释"君子"，刘大鹏多年后也效仿此法。学生们用所学价值观念去评价他们自己和周遭的一切。刘大鹏领会到记诵经书

---

① 刘大鹏：《晋祠志》，第 441—449 页；刘大鹏；《退想斋日记（手稿）》，民国四年（1915）八月二十六日。石永泉：《太原市南郊区教育志》，第 5 页；刘文炳：《徐沟县志》，第 347—348 页。

应该改变个人日常生活中处事的方式，所读与所行应该一致。①

私塾里，正式的、礼仪化的行为也灌输了一些价值和态度。此后，当刘大鹏坐馆时，他搜集了太原县的几套塾规。学生的行为举止是这些规范的重要部分。其中有一套晋祠义学的学规，要求学生定身端坐、齐脚敛手、笼袖徐行、拱手正身、朴实语事、低头屈腰。后来，刘大鹏为自己的私塾设立的规范有：行走规范、慎言、戒游戏，因为"读书之始要身体正"② 。类似的规范灌输了对书本的尊敬：坐下来读书之前，学生要先洗手，尽量避免用手触摸书本，把书放在离桌边几寸的地方，用右手食指翻书。书当然是珍贵的，但是书本所受的尊敬也反映了书本内容所传递的道德价值观。一位西方传教士曾描述生活在差不多同时代的一位山西读书人，"从桌上拿起一本经书，然后故意将它扔在地上"。③ 随后他号称，在山西无人敢如此。毫无疑问，这也有点言过其实。但是，扔在地上的举动以及评论的夸张语气正表明，对这一代学生而言，对书尤其是儒家经典的尊重在他们成年时已经根深蒂固了。

---

① 刘大鹏：《退想斋日记（手稿）》，光绪十八年（1892）六月二十三日，光绪十八年（1892）九月二十五日，光绪十八年（1892）十一月十四日；刘大鹏：《晋祠志》，第407—410、651—653页；武寿铭：《太谷县官家堡村调查报告》，第68页。石永泉：《太原市南郊区教育志》，第4页。

② 刘大鹏：《退想斋日记（手稿）》，光绪十八年（1892）七月二十七日；刘大鹏：《晋祠志》，第433页。

③ Richard（李提摩太），*Forty-Five Years in China*（《亲历晚清四十五年》），第165页；刘大鹏：《晋祠志》，第445页。

但是义理总与备考及最终登科入仕缠绕在一起。刘大鹏和家住山区的王克勤、年纪稍长的张桢曾是同学，张桢曾成功地说服家人允许他弃商从学。每月他们都要参加考试，县官和学政负责批阅考卷。这样，学生们获得少量的膏火。同时，生员继续研习经文，练习书法，他们同时也要掌握作文和辞章之法。八年后，王克勤离开邑庠，而刘大鹏在县学学习了十六年。刘大鹏和张桢甚至学过一些 18 世纪流行的训诂，尽管对训诂的融会贯通倚赖于丰富的图书收藏，这在山西几乎不可能获得。从潜在层面上讲，训诂和刘午阳所授的正统道德背道而驰，但是训诂曾是 18 世纪以来最主要的学术走向之一，因此人们可能希望参加科考的人能稍作了解。刘午阳的教授方法表明官方的科考即便在如此一个村级教育的安排中也有着凌驾于一切之上的重要性。科考的最终目标则是入仕。每个人都知道大概两百年前，晋祠附近一个名叫杨二酉的人中举之后，跻身最高级的官员。自那之后，当地没人能像他那么飞黄腾达过，事实上还没有人能谋到教职以上之位，即使教职也已是政府官员，而刘大鹏至少相信他不仅有入仕为官而且有成为朝廷重臣的可能性。[①]

刘大鹏备考时，干旱来袭。在山西，干旱一直困扰着人们，因为山西降水量很少，农民需要每年的及时雨来灌溉他们的农田

---

① 刘大鹏：《退想斋日记（手稿）》，民国三年（1914）八月十八日。刘大鹏：《晋祠志》，第 409—410、651—654、1364 页；刘大鹏：《退想斋日记》，第 21、118—119 页；本地出身的官员参见刘大鹏：《晋祠志》，第 586—642 页。

以确保收成。每年农民望天而忧：假如雨来得太迟，他们就不能种小麦；假如耕田时有雨，播种时无雨，则小麦会枯萎，只有较耐旱但较不值钱的小米和高粱才能存活；最糟糕的情况是，小米和高粱也枯萎了。晚年刘大鹏以农为生时，他时时担心这些事情；但是即使他作为县学生员时，也一定了解当旱期延长和恐慌开始时，村民关心的会是什么。三年来，农民一直上天龙山祷雨于龙池，人们相信龙王控制着降雨。赤桥人成群进入深山，他们将石头堆成圆锥形，顶端放上柳枝，向那里洒水。他们也参与邻村古城营的大型祈祷。人们赤足行进，头上戴着柳枝编成的花环，有的还戴着沉重的铁饰，以表示他们祈福的悔意和真诚。在赤桥，大街两边各户把一个小祭坛摆放在门前，祭坛上摆着蜡烛，一碗水，一些杨柳枝。祈祷者的队伍走近时，他们会听到祈福的声音："阿弥陀佛，阿弥陀佛，阿弥陀佛"，人们反复念着，希望无量光佛来帮助他们。当队伍缓慢行进时，有的人跪地磕头，有的人烧纸钱，其他人用柳枝沾上碗里的水，然后挥舞柳枝，整个队伍都弥漫着渴求降雨的氛围。人们一直走到深山里的龙王神庙，它坐落在池旁。三天之内，祈祷者只吃粥，夙夜拜祷；若再无降雨，则稀粥减米，反复祷告。但是仍旧没有降雨。[1]

---

[1]　日记手稿中，与此相关时段的日记遗失了，但是参见刘大鹏：《退想斋日记》，第136、143—144、184页；刘大鹏：《晋祠志》，第734—735、1040—1042页；《太原市南郊区志》，第843页；也参见柯文。

干旱总让仅以耕种为生的农民惊恐万分，然而正常情况下，高价格将吸引更多的商品进入本地，干旱也不会导致饥荒。事实上，山西的商业财富让人口的扩张超过了当地农耕所能支撑的程度；至少自19世纪20年代以来，晋中和晋南都已依靠来自陕西及其以西地区、蒙古及其以北新开垦地区的大量进口农作物。如今，这些地方也遭到干旱侵袭，产量下降。同时，一贯能给山西省带来滚滚财富的贸易网络在太平天国运动及之后的地方性叛乱的余波中衰落——太平天国已经让中国中部和东部的大部分地区在此前十多年中遭到破坏。贸易衰落时，一些山西人赋闲归家，其他人不再能往家里寄钱。同时，对西北回民叛乱的军事镇压消耗了邻省陕西的大量谷物。因此，谷价上涨时，购买力下降了。①

对农民来说，干旱也未必是坏事：在赤桥，晋河灌溉了大部分的耕地，晋河并没有干涸，因此农民一定能从谷价上涨中获利。但是干旱的确是一场灾难。很多专注工业的村庄因粮食价格上涨而衰落，赤桥就是其中一个。赤桥七成人口主要靠造草纸为生。情况最好时，许多人通过造纸勉强糊口，赚钱通常是左手进右手出。如今由于谷价上涨，纸的需求下降了，他们首当其冲。人们开始背井离乡。尽管刘大鹏继续他的学习，他的幼弟则不知从何时起被迫离家

---

① 曹新宇：《清代山西的粮食贩运路线》，《中国历史地理论丛》1998年第2期；李辅斌：《清代中后期直隶山西传统农业区垦殖述论》，《中国历史地理论丛》1994年第2期。何汉威：《光绪初年（1876—1879）华北的大旱灾》，第7—9页；张正明：《晋商兴衰史》，第82页；黄鉴晖：《山西票号史》，第139—152页；安介生：《清代山西重商风尚与节孝妇女的出现》，《清史研究》2001年第1期。

求生计；就像其他人一样，他幼弟再也没有返乡。[1]

1877 年的旱灾期间，刘大鹏第一次赶考，失败而归。那年冬天，人们在饥寒交迫中挣扎。通常情况下，煤价格低且数量充裕，但是因山区的农业完全依靠降雨，饥荒在山区尤为严重；运煤车夫因此不敢进煤窑挖煤，因为担心留在窑口的牲畜会被偷走吃掉。在山区，整户人因饥饿死在家，而在平原地区，尽管很多人背井离乡，多数人还是熬到第二年夏天，但那时还没有降雨，随后瘟疫便袭来了。灾民饱受热病和头疼之苦。好年景时，只有老人和孩子可能会死于热病；如今，人们已经被两年的饥饿拖垮，几乎任何人都可能一命呜呼，由于疾病肆虐、传染性强，穷人、富人均不能幸免。夏末时，几乎七成赤桥人丧生。刘大鹏被关在书院里学习；他说道，死人如此恐怖，"惨不忍睹"。[2] 全省有成千上万人死去。死者已矣，对于生者，悲剧才刚刚开始。五十多年过去了，刘大鹏的孙子依然记得他祖父清明节照旧给他夭折的妹妹烧整袋纸钱的情形。[3]

那年夏天，刘大鹏二十一岁，他到太原参加第二次县试。这

① 1999 年 8 月 6 日对刘佐卿的访谈；刘大鹏：《晋祠志》，第 144—145 页。何汉威：《光绪初年（1876—1879）华北的大旱灾》，第 32—33 页；《千万中国魂》1878 年 9 月，第 126 页；*Report of the Committee of the China Famine Relief Fund*, p. 102；卫思理公会（伦敦），档案，特别系列，传记 632（3），李修善（David Hill）中国文稿·李修善致弟书（1878 年 4 月 6 日）。

② *Report of the Committee of the China Famine Relief Fund*, p. 90. 刘大鹏：《退想斋日记》，第 50 页；刘大鹏：《晋祠志》，第 1040—1042 页；《北华捷报》1878 年 3 月 21 日。

③ 1999 年 8 月 6 日对刘佐卿的访谈。

次太原县有八十人应考，他考中第十六名。① 他成了生员。但是中秀才在这样的时刻意味着什么呢？当赈灾的消息传到村里，赤桥人在村公所决定该怎么做。根据刘大鹏的记录，有人说他听说皇上已下旨赈灾，大量赈灾款项已发放到县丞那里，但是还没有到村里。"难道我们不是大清的百姓么？他们怎么可以不闻不问？"他问道。随后一个老人家讲道："若皇上下旨赈济，我们当然应该收到赈济款。如今县丞尚未来助灾，难道我们在此等死么？我们应该去县里求见他。"②

一群赤桥人去了县城，但是县丞拒绝给他们任何赈济，还威胁要打他们。虑及可能给自己和家人带来的后果，人们惊恐万分；有的逃走了，十几个人死掉了或消失了。刘大鹏的老师刘午阳听到此事，非常震惊。他带着村中耆老，去县城拜会县丞。县丞被迫发放少量的小米作为救济。

饥荒是自然灾害，但是大体上记载饥荒的人一定同意赤桥人的看法：饥荒也有政府的责任。英国传教士李提摩太为受灾最严重的地区募集和分配救济，和刘大鹏有类似的感知，他也认为情况简直惨不忍睹。他写道："最后一次南游让我心力交瘁，我希望我能做到闭目塞听。"③ 他也了解到官府翻越崇山峻岭调运谷物到本省的困难，他确信铁路能避免灾害，并终其余生致力于在华

---

① 刘大鹏：《退想斋日记》，第 118 页。

② 刘大鹏：《退想斋日记（手稿）》，光绪十八年（1892）六月二十八日。

③ 《北华捷报》1878 年 3 月 21 日，第 296 页。

推进科学和现代化。[①] 刘大鹏对地方官府拒绝救济村民的观察有所不同，表明其对症结所在理解不同，对策也因之而异。他强调低级官僚确有过失，因为他们并没能掌握民情，甚至宣称晋水流灌处，无庸赈济耳。[②] 他们错误地以为村民多为农民，其他产业也不过是农副业，而事实上，赤桥多数人家靠造纸为生，根本不耕田，当纸业市场萎缩，谷物价格上扬时，他们受创颇深。但是除此以外，刘大鹏认为贫穷地区之所以没能获得赈济是"由州县各官绅奉行不善"。[③] 一些地方官对此并不认真处理，因此延误了赈济，另一些地方官则认为天高皇帝远，鞭长莫及，更有甚者侵吞赈款。刘大鹏认为解决方法是由朝廷任命刚正不阿、体察民情的地方官，急百姓之所急。刘大鹏感到这正是他接受多年教育的理想角色，看到灾荒破坏性的后果反而更坚定了他的意志。

但是为了实现入仕的理想，刘大鹏仍需要通过乡试和会试。通过县试已经三年，二十四岁那年他离开家乡到太原崇修书院为乡试作准备。搬到书院，刘大鹏第一次离开他的乡里和家人。回忆那时生活，他仍记得几个学生在其他人就寝后仍大声诵读的场景（即使其他人第二天要参加考试）；这些人让厨子等到很晚才

---

① *Famine in China and the Missionary*, p. 140-142；Richard（李提摩太），*Forty-Five Years in China*（《亲历晚清四十五年》）p. 134-135，137，168，173. 也参见 Edgerton, *The Semiotics of Starvation*。

② 刘大鹏：《晋祠志》，第 1042 页。

③ 同上。仅百分之二十到百分之三十的本省人口依靠农业生存，参见朱寿朋：《光绪朝东华录》卷 1，第 409 页。

吃饭，早课时他们则呼呼大睡。他对如此自私的事情感到非常震惊，这正说明大部分时间里，他们的作息是一致的：他们一起学习，一起休息，一起进餐，一起起床上早课。刘大鹏不仅和家人分开了，而且他也生活在一个迥异的团体里：一群男性精英，他们的生活聚焦于国家结构。刘大鹏在乡间长大，那里家庭才是最重要的社会结构。虽然男女有别，但是女性总是生活的一部分。①男孩和女孩儿玩不同的游戏，私塾则全是男童，但是在家庭内部，男女的世界交织在一起。自从刘父终年远在太谷经商，刘母就掌管整个家庭。刘大鹏自己已成婚几年，他妻子一定在家里忙着烧饭、缝补，偶尔帮着作无须走出自家庭院的农活，并且照顾两个小儿子。当刘大鹏入学书院时，他离开家庭进入了国家的公共领域。家庭是公领域论说的重要部分：正确地领悟表达家庭关系是儒家思想的中心，刘大鹏此时正在修习儒家思想。但是从日常生活来看，家庭生活实在微不足道，而女性简直就像不存在。

通过创造和授予社会地位的方式，这个精英男性的世界将学生联系起来。黎明时分的课堂通常挤满了所有的老师和学生，训导坐在授课教谕的对面，而学生则在边上成排就座。所有的学生都是生员，老师可能是举人或进士。学生和老师都身着正式衣冠，顶戴花翎显示了他们的官阶。着官服表明授课目的是为了培

---

①　刘大鹏：《退想斋日记（手稿）》，光绪十八年（1892）九月初六日；参阅 Susan Mann（曼素恩），"The Male Bond"。

养新的官员群体。几乎所有的山西官员都出自太原三个书院之一，一些人甚至在国家层面大权在握。尽管生员们尚年轻，书院伙计也意识到生员们的大好前途，因此对他们一致尊称"老爷"。[①]　生员的威望不仅来自他们作为秀才的身份和未来的前景，也来自他们的家庭财富和社会地位。与和刘大鹏一起考取秀才的人相比，就学太原书院的生员们多来自更富有的家庭。要儿子考取功名通常意味着他多年没法劳动，不过在村里的学堂花费很低。而为博取功名，供养儿子离家在太原就学，则是一笔更大的经济投入。

现有的社会威望和未来可能有的权力，一定足以让像刘大鹏这样来自贫寒之家的学子们感觉飘飘然。对刘大鹏来讲，即使是在书院最普通的日常活动也提醒着他，这和他在家的生活是多么的不同啊。这是一个以食物为社会地位的主要标志的社会。在下层社会，能不为饮食忧虑就表明此人已非穷人。在此之上，关键的区别则在于吃的是什么。最穷的人吃最便宜的谷物，即高粱和玉米，稍好一些的吃小米。大多数赤桥人，包括刘家，也吃这些谷物和蔬菜的混合。过节时，他们才吃面条和肉。真正的富足之家才吃面粉做的面条，特别场合则吃大米，他们也会经常吃肉。之后，刘大鹏记得，有一次他在书院的一个朋友嘲弄他：

---

① 王家菊：《山西大学堂初创十年间》。当山西大学创立时，它的中学部分的组织、资金和教职员工都来自令德书院。直到 1904 年，中学部分的实践仍反映了旧式书院的情况。此论证参见 Bourdieu（皮埃尔·布尔迪厄），*The State Nobility*。

> 子俭约尚矣，而饮食之奉，何乃菲薄如此？或者嫌其肚
> 大乎？

刘大鹏答道：

> 吾等在此肄业，是求德业之进，非求饮食之佳，子言余
> 饮食过俭，而吾每日所食，不外麦面、豆面，间或有肉有
> 菜，尝以为父母在家，尚不知食此否，而余自奉如此，何幸
> 如之？且余在此享福，亦父母之福荫也。夫子之言，似有未
> 当欤？[①]

刘大鹏的朋友无言以对，只好离开。他认为刘大鹏吃得太差，一定是在炫耀自己的勤俭，这正是他们在学习的儒家伦理的核心美德。但是事实上刘大鹏在书院吃得比在家吃得更好。

刘大鹏知道自己不善解嘲。他还讲了一个故事，某一天他和他的两个朋友在书院坐着聊天，其他几个学生走来开玩笑。刘大鹏的一个朋友和他说：难道你没意识到他们在嘲笑你？刘大鹏笑了笑，但是没说什么。当时另一个朋友对那个学生说：老刘不常和我们开玩笑。你一见到他就嘲笑他，是你太无礼了。那位学生回答，他们从没有取笑过刘大鹏，一直都很尊敬他。自那之后，他再没戏谑刘大鹏了。[②] 我们可以想象刘大鹏可能又因努力践行所学的儒家价值被嘲笑过：他毕竟是那种能被怀疑用吃得差来

[①] 刘大鹏：《退想斋日记》，第 7—8 页。

[②] 刘大鹏：《退想斋日记（手稿）》，光绪十八年（1892）十月初三日。

表现节俭的学生。即使是为他辩护的好友也会在嘲弄他的"我们"和作为外人的刘大鹏之间作区分。富家子弟并不需要特别认真地对待学问。他们的家庭已经为他们能在科考中更成功作出投入，但是假如举业不中，他们还有别的途径。刘父投入了很大部分财力送刘大鹏到书院。刘大鹏的地位更多地取决于他的学业表现，因此他有更大的压力在科考上成功。进而言之，科举制度已然让他取得如此成就，这鼓励他内化所学的程度比其他人更高。正因为他如此认真地对待学习才在书院被嘲弄，而他之所以如此认真似乎也部分因为和同辈相比，他的家境不那么殷实。①

对于幼年习得的儒家经典义理，刘大鹏信之日笃，但这不意味着他可超脱于当时之学风。他意识到自己面临一个选择，一方面是仅以科举为目的的八股文学习，另一面是学以致用，更好地为其入仕为官做准备。经世致用是 18 世纪和 19 世纪的一股思潮，也正是当时太原流行的风气。刘大鹏 1881 年第一次去太原，那时有两所书院：崇修书院是为来自太原县的学生新近设立的，晋阳书院则是省级书院。19 世纪 60 年代和 70 年代，晋阳书院以强调八股写作和文学技能声名远扬。然而，崇修书院院长杨深秀则对实学很感兴趣，比如天文和地理，并且支持废除刻板的制艺

---

① 此处，我不同于伍思德（Woodside）的观点，他认为越是贫穷的儒生，越容易以牺牲道德自我教化，而强调中举本身。"State, Scholar and Orthodoxy", p. 176.

文。刘大鹏选择在崇修读书。[①]

刘大鹏到太原的第二年，张之洞作为当时步步高升的政治和学术精英被任命为山西巡抚。其时山西的政治是一潭死水，很少能迎来如此能干的人作巡抚；事实上，清政府之所以任命张之洞作晋抚是因为饥荒已经使得重建成为朝廷的一件急务。张之洞后来成为清廷中支持西化维新的重要人物，但在1882年到山西时，他仍旧属于朝中反对以夷变夏者。他致力于经世致用之学，因为这样可以培养更多有能力、有见识的官员，但并没将西学归于经世之学。他到山西后，着手在此设立书院，编纂方志。新书院旨在将本省的青年才俊培养成日后晋省的政治精英，同时，编方志则能给官府提供现成的本省信息，进而改进政策的规划和实施。新书院延揽名师，当然先生们也可以为编方志效力。书院院长兼方志主纂是山西人，几年前他被朝廷罢官，那时支持"自强"的改革派胜过保守派。他既精八股，兼专义理，也对地理、数学和金石感兴趣。关注致用之学，尤其注重方志，是为张之洞的典型举动，对方志的注重甚至深深影响到了刘大鹏。最终，张之洞挖走了书院院长杨深秀。杨深秀是戊戌六君子之一，他支持激进的西化，在百日维新后被斩首。他对西化的关注可能源自他在口岸

---

① 刘大鹏：《退想斋日记》，第7页。刘大鹏：《退想斋日记（手稿）》，光绪十八年（1892）九月二十三；赵天：《素味斋文存》，第50页；有关实学，请参见Ng On-cho（伍安祖），pp. 116, 173-182；William Rowe（罗威廉），*Saving the World*，pp. 122-123，134-135。

省份山东做官的经历，但是他充满激情的性格和对行政效率而非八股写作的重视一定让刘大鹏这样的学生欣喜若狂，那时的刘大鹏刚经历了一场瘟疫且希望自己有朝一日能身居高位。①

书院和考试体系创造了致用之学的别样途径。至少在刘大鹏的例子里，学生们生活在一起，几乎每个人都互相关联着。他们平等友爱，然而书院是个竞争不断和考试频繁的地方。学生们有月考，一月两次，每次考试仅仅是他们所准备的科举的前奏。他们不仅被带进一个封闭的、竞争的环境里，而且每个人都为有限的功名竞争。他们所期望的回报仅仅在那些取得功名的人身上实现，那些人通过了出自经典的八股文和试帖诗的考试。李永卿这样的先生——他曾任晋阳书院的院长，也曾给刘大鹏的一个好友授课——认为，理论上八股文的精湛是读经和修身的自然结果。在给学生八股文习作的批改中，李永卿不断鼓励他们照自己所写的文章而行事，献身于道德上的自我改进而不是担心科举考试。但是，八股文也确有其技巧。科举要求的八股文格式和结构的确都有严格的限制。所有的文章都必须是八段，而每股都要以某种方式推进论证。考生需要把主考官所出题目破为对仗的两个次主题，经一连串逻辑的修饰，最终得出结论。进而言之，每段对仗

---

① William Ayers（威廉·艾尔斯），*Chang Chih-tung and the Educational Reform in China*；周汉光：《张之洞与广雅书院》，第 142 页；刘纬毅：《山西历史人物》，第 420—428 页；李元庆、孙安邦：《三晋一百名人评传》，第 1559 页；杨深秀：《杨漪村待御奏稿》；梁启超：《戊戌政变记》，第 99—102 页；赵㑇：《素位斋文存》，第 50—52 页。

工整，字数一样。不仅批改八股文的考官（考官得批改上千份）更多地看中八股的格式而非内容，形式本身也限制了试子对题目的论述方式。这些问题一直存在了几个世纪，但是随着试子的增加，问题变得越来越严重。不可避免的结果是，准备和练习写八股文占去了书院学生的很多时间，这和先生们所提倡的道德自省关系很小。[①]

刘大鹏的很多朋友和时人用传统的孝心来解释他们学习八股写作技巧的合理性。刘大鹏述及他与几个好友会面，他们都曾鼓励他投入更多的时间练习八股写作。他的回答却意兴阑珊，他们则指出进学的目的不过是中举。若刘大鹏只读书而很少关注八股文写作，他怎么可能通过科场考试而愉悦父母之心呢？当他写到此处时，刘大鹏承认自己在书院的头八年正像友人敦促的那样更多学习八股，他之所以这么做是因为他知道这是父母所希望的。[②]然而，刘大鹏从来没有认为孝心是八股文写作无道德关怀的合理借口。相反，他在仕途进取和个人道德之间看到了冲突，并为此苦闷不断。

刘大鹏开始意识到他所生活的书院的价值并不同于书院所传授的价值。他备受折磨，一边是为中举而应专攻的八股文既成规

① 李菊普：《科士语录》，第 111 页，散见书中各处（刘大鹏的朋友是胡瀛）；Nivison，"Protest against Conventions"；Elman（艾尔曼），*A Culture History of Civil Examinations*，pp. 380-428。

② 刘大鹏：《退想斋日记（手稿）》，光绪十八年（1892）闰六月初四日和初七日。

则，另一边是遵照先生所传授原则为人处世，在他看来后者将为他此后一生为官作准备。他也相信不强调道德的教育对社会和地方政府有害无益。当他听说地方上一位举人贪婪且傲慢，刘大鹏写道，之所以这位举人不能将所学内化到言行中一定是由于过分强调八股文写作。[1] 在他批评八股文写作的背后其实蕴含一种传统的关怀，他认为本应实现沟通道德和权力的科举考试，事实上反而妨碍了人们潜修德行。正如刘大鹏对那些催促他习八股的朋友的回答：

> 若不求理之明，而徒攻时文以求科名，无论科名之易得也，即使得之，则所言所行，恐未能与理融洽矣。[2]

对刘大鹏来讲，知识和道德的一致要求他相信致用之学和经史之学是科举中的途径。然而，年复一年，他却失败了。

刘大鹏被困于此，受困于对所习经文的信仰的约束、催促他为了科举而应练习八股写作的朋友，还有自己和双亲对他乡试名落孙山的失望之间。乡试每三年举办一次，到1891年，他已经赶考五次，然而次次都报罢而归。[3] 他已在书院进学十年，最近的几年里，他已经毅然努力提高八股写作能力。和多数同龄人相

---

[1] 刘大鹏：《退想斋日记》，第64—65页；刘大鹏：《退想斋日记（手稿）》，光绪十八年（1892）十月十一日。

[2] 同上书，光绪十八年（1892）八月初八日。

[3] 举人考试每三年举行一次，刘大鹏第二次应试是在1882年。最终他于1894年考中。

比，他个人已经在教育方面投入了更多，如今，似乎这一切投入都化为乌有。教育的目的无论是强调通过明经以修身，或为中举而掌握八股文写作，都是为他最后入仕为官而作准备。刘大鹏此时三十四岁，已经花了生命中的 25 年学习，为入仕而作准备，他现在开始担心他入仕的机会很渺茫。早年刘午阳的启蒙教育、大饥荒的恐怖经历、时代的学风都引导他投入经世之学，这些都强调乡土知识，以及内化儒学经典的道德核心。然而似乎正是这样的投入导致他名落孙山。

1891 年，刘大鹏离开书院，去太谷县南席村一个富户家中坐馆。多年后他回忆自己初到新馆地时多么的可怜，他讨厌不能继续求学，不得不外出授馆，正如他自己所说，教书"粉碎此生之志业"。[①] 他知道君子正是在诗句中表达他们最深挚的感情，而这时他的诗句充满了不快。

> 瞳瞳红日已东升，高卧书斋在梦中。
>
> 忽听窗前声淅沥，才知满院尽秋风。[②]

此情此景——直到太阳东升他还百无聊赖地躺在床上，正如秋风告诉我们他的挫败和抑郁一样。在另一首诗里，他更明确地道出自己痛苦的缘由：

> 教学果然是下流，古人尝以此含羞。

---

① 刘大鹏：《退想斋日记（手稿）》，光绪十八年（1892）闰六月十四日。

② 同上书，闰六月二十四日。

去来子弟随他便，出入先生不自由。

平日间居勤指示，黎明忙起课姱修。

为兹讵作终身事，投笔常怪丁原侯。①

诗句首行第一句套用了 18 世纪的名句。② 毕竟，儒生变塾师的悲剧命运是科举制不可避免的结果，这已存在了多少世纪。像几个世纪以来的很多私塾先生一样，刘大鹏写到受雇别家、坐馆生活的种种限制，丧失入仕的远大志向。诗句的结尾处，他写了一些评论：他感觉教书足以摧毁人的道德自律和雄心壮志，凡是真正志在成功的人是不会设馆教书的。他自己之所以如此是为了暂时养家糊口，若一生以此为业则觉得十分可怕。他最后指出，直到开始教学他才意识到教书是如此之艰难。

刘大鹏在南席教书有 11 年之久，那时他屡次说服自己教书是有意义的。教书第一年即将结束的时候，他列举了诸多教书的苦与乐。教书之苦有孤独、学生懒惰（"吾晨至夜皆于指导小孩"），无论何时想安心诵读书本总被打断，学生缺乏进步。然后，他说道，尽管教书的确很辛苦，但是重要的是想想它带来的快乐。他列了七个方面：能整天读经、写八股、作诗，几乎没有外部干扰，听学生背诵经典也避免了自己遗忘经书，解释经文有

---

① 刘大鹏：《退想斋日记（手稿）》，光绪十八年（1892）闰六月二十一日。

② 郑板桥：《郑板桥全集》，第 315 页。郑板桥原诗《自嘲》云："教馆原来是下流，傍人门户过春秋。半饥半饱清闲客，无锁无枷自在囚。课少父兄嫌懒惰，功多子弟结冤仇。而今幸作青云客，遮却当年一半羞。"

助于自己更好地理解他们，整日正襟危坐（虽然他觉得这很难，但是他觉得这对他自己是有益的），为国家培养有才学之人且为东家训练了子弟，最后在课余时，他喝茶、饮酒、吟诗、在窗前赏花、在院后赏竹。作私塾先生也有积极的方面。后几年，刘大鹏和邻村的其他塾师成了朋友，随着学生年龄的增长，他的责任也渐少，能更频繁地和朋友去庙会看戏，他不再孤独。他住在宽敞的院落，远比自家舒服，同时还有一个伺候他的仆人。他的学生似乎也没超过五个，因此他可以带小儿子来读书，或者一两个自己的学生。东家支付的薪资也很慷慨，并且东家允许刘大鹏吩咐仆人准备任何他喜欢的食物作为三餐。这些年来，刘大鹏和东家的关系更为密切，东家偶尔请他去看戏或者游览当地名胜，1901 年的旱灾中，东家将给村民分派救济的事情委托给刘大鹏，甚至有一次刘大鹏生病回家后，东家会派仆人去赤桥送些食物。尽管如此，他从没有真正地接受自己的地位。他喜欢引谚语：

> 家有三石粮，不作童子王。[1]

刘大鹏不快的背后其实是他最初的封侯之志与现实社会中作为私塾先生之间的矛盾冲突，在这个社会里，在商业和票号里谋职业的人收入不菲，拥有更高的社会地位。有一次，他帮别人操

---

[1] 刘大鹏：《退想斋日记》，第 55、59 和 101 页；刘大鹏：《退想斋日记（手稿）》，光绪十八年（1892）十一月初一日，光绪二十七年（1901）五月初十日，光绪二十七年（1901）六月二十八日，光绪二十七年（1901）七月初一日、初二日，光绪二十七年（1901）七月二十一日；1999 年 9 月 6 日对刘佐卿的访谈。

办婚礼，有个人说："时下无论出身几何，但凡有钱，皆受人尊重。"[1] 众人皆认为，富人处处受人尊敬，而穷人则遭人轻贱，不论此人在其他方面多么令人敬佩。刘大鹏直言，如此的态度当视为粗鄙，人们不应受其影响，但是他也了解这正是人们所想的，因此，人们看不起老师，纵然他们对中举而获得功名的人颇为尊重。

刘大鹏的东家武炎卿在长城脚下的张家口经营店铺，当时那里是与蒙古贸易的重要商埠。武家人占了村里人口的大部分，常在北京、东北和天津、上海两口岸之间行走贸易。16 世纪以来，武家一直都很富有，在 18 世纪时，武家曾出了一个进士。武家大院的高墙、重门和两层的建筑，在整个村子里颇有气势，这在赤桥闻所未闻。武炎卿 1903 年成婚时，女方的嫁妆就有千两银子之多，这差不多是刘大鹏在武家坐馆十年的收入，而且刘大鹏也知道自己的束脩在当时算是好的。但武家绝非此地最富有的：往北几里地的车辋村常家更为富有，家中田产更巨。一个常家子弟和刘大鹏是同科举人，刘大鹏也常到车辋饮茶、看戏、逛庙会。常家在恰克图经营几大货栈，恰克图位于中俄边境，两国在此贸易，常家自 18 世纪开始经营的茶叶、马匹和银器的生意带来了滚滚财源。19 世纪之初，各个阶级的俄国人都开始饮茶，常家生意也随之兴盛起来。1862 年俄国商人获准直接进入中国境内交易，且所纳税率较之晋商为低。俄国商人开始在汉口生产砖茶，然后运到天津，最后到俄国，不再取道山西沿陆路向北了。

---

[1] 刘大鹏：《退想斋日记（手稿）》，光绪十八年（1892）十一月初十日。

雪上加霜的是，1877 年的大灾荒意味着一年多时间没有贸易可以
通过山西省，因为山西不能给牲畜提供粮草。越来越多的贸易落
到了俄国人手里，但是即便如此，刘大鹏第一次去车辋时，常家
人依旧很富有，他们的贸易扩展到上海、汉口、苏州，甚至在莫
斯科也有分支。[①]

　　对俄贸易那时正在衰落，不过这并非当地唯一的财富来源。
19 世纪 50 年代以来，很多大型的晋商网络已经转向票号，这里
也是银行业的中心之一。刘大鹏到南席不久后，曾往县城游历，
当时写道：

> 　　太谷一邑，富甲于晋，为吾省荟萃银钱之区。今寓此，
> 见夫街市之中，商旅往来，肩扛元宝，手握朱提，如水之
> 流，滔滔不断。询之市人，何以负银者之多也，市人云本月
> 二十五日为冬标日期，今日周标起首，其周三日，标至二十
> 五日即无事。所谓标者，生意家交还借贷银两也。[②]

起初，山西票号主要为本省的贸易网络注资，之后太平天国运动
时，运送南部省份上缴北京的赋税银两变得危险，一些省份开始
通过山西票号汇税款到北京。转账这些巨额税款利润丰厚，票号
也因此景气起来。他们总在汉口做生意，在那里，来自东南沿海

---

　　① 刘大鹏：《退想斋日记》，第 77、131、138 页；常世华：《榆次车辋常氏》；张
正明：《晋商兴衰史》，第 80—81、229—230 页；渠绍淼、庞义才：《山西外贸志》，第
43、57、72—109 页；吴秀峰：《太谷教育志》。常家庄园今日尚存在。

　　② 刘大鹏：《退想斋日记》，第 47—48 页。

福建的茶叶被加工成茶砖，远销俄国。随后，在 19 世纪 70 年代、80 年代，长江沿岸的对外贸易扩张，山西商人在上海设立了分号，这些分号主要处理为外国商人融资。19 世纪末、20 世纪初——那时刘大鹏正在南席坐馆——则是山西商人最繁荣鼎盛的时期：长江贸易正处繁荣时期，与之相伴的是山西票号所处理的汇款的次数和数额也在迅速增长；在全国的各个城市，他们都设立了分号；很多省份继续通过票号汇赋税，偶尔也向他们借贷巨额款项；最终，中央政府也向他们借钱，也开始将财政储备存入他们的票号生息。①

山西票号全部由山西人经营，所有的老员工都有股份。② 频繁的社会接触让刘大鹏深信"诸商都好，独票商骄傲太甚"。③ 他观察到"百万富翁们深居大院，出行则骑马或驾马车，身穿刺绣衣服，饮食精致。他们虽无学问而能获得功名，虽无任何成就而获得荣耀，并且在当地备受尊敬"。④ 总是缺钱的朝廷卖官鬻爵，作为揽钱的手段。刘大鹏抱怨说他所去之地总能遇到一些人着官服，顶戴花翎镶嵌有金黄色宝石或者水晶的装饰，而这些人却对他们所着官服漠不关心，甚至不知道他们所捐之官为几品。财富转变为权势的一个尤为令人震惊的例子来自县里大户人家的子弟

---

① 张正明：《晋商兴衰史》，第 108—133 页；黄鉴晖：《山西票号史》。

② 张正明：《晋商兴衰史》，第 142—144 页；有股份的雇员可以分享利润的份额，但是他们并不负担损失。

③ 刘大鹏：《退想斋日记》，第 48 页。

④ 刘大鹏：《退想斋日记（手稿）》，光绪十八年（1892）十二月初四日。

首先捐了一个道员，随后又在京捐了一个某部郎中。[1]　刘大鹏的朋友，参加了科举考试，却无一人能获得如此高的职位。因此也有饱学之士选择从商，正如刘大鹏所注意到的："有子弟者以往票号为荣。"[2]　刘大鹏评价，他遇到一些商人，他们的学识胜己十倍。[3]　刘大鹏承认他有时恨他自己不能是"当地最富之人"。[4]

尽管刘大鹏个人坐馆所入不菲，其他先生则没有这么幸运。他遇到一个在村塾教书的先生，这位先生一年仅有不到 20 两的收入，这是刘大鹏束脩的五分之一。刘大鹏慨叹此人尚不能自养，更别提供养家庭了。[5]　在南席的私塾里，刘大鹏的访友强调了这一点：

> 先生在此设馆，教授生徒。论夫行谊，高则高矣，然以此时论之，斯文扫地，而读书之士，困穷者甚多，口则食蔬菜羹，身则服布衣褐裳。何若商贾之衣食肥美也！窃尝计之，读书虽可博人间富若贵，但能得富贵者百之二三，不能得者十之七八。[6]

---

[1]　刘大鹏：《退想斋日记》，第 69、145 页。

[2]　刘大鹏：《退想斋日记》，第 48 页。

[3]　同上；参阅余英时：《中国近世宗教伦理与商人精神》。

[4]　刘大鹏：《退想斋日记（手稿）》，光绪十八年（1892）十二月初四。

[5]　刘大鹏：《退想斋日记》，第 20 页（1892 年）。铜钱和银元之间的兑换比率波动很大。为了让数字容易比较，我已将所有的金额都按照日记中给出的兑换比率换算成银两或者银元。这样的换算并不是十分精准。涉及汇率的地方都给出了原初的数额。关于教师的贫困，参见《中国灾荒救济基金委员会的报告》，第 111 页。

[6]　刘大鹏：《退想斋日记（手稿）》，光绪十八年（1892）九月二十九日。

考虑到一般来讲先生和学者处在贫困中，那些来自富户的学生并不总是尊重先生，也就不奇怪了。刘大鹏的日记里随处可见的是他对傲慢的富家子弟的抱怨，这些富家子弟被父母娇生惯养，被周围的人阿谀奉承。富家有时意识到这可能是他们子弟教育的一个问题，因此刻意以种种尊师的方式行事。武家对待刘大鹏当然是既认真又慷慨的：家中的长者在刘大鹏每次缺席之后都会正式拜访他，每当刘大鹏探亲返回南席后，武家会派他的学生去迎接他，给他带从京城购得的书籍，并且邀请他进餐。①

尽管他的东家如此努力，刘大鹏仍旧不断地感受到地位的巨大差异。在一个以家庭经济为基础的社会里，私塾先生就像很多其他仆人一样附属于其他家庭，而非一家之主。没有来去的自由是刘大鹏感叹教书之苦的诗句中的主要内容，当教书妨碍了他履行应尽的家庭义务时，他尤为生气。母亲生病时，他却不能探望，这让他沮丧、情绪低落。与之类似，每年清明节，当他的学生们都去坟前祭祀先祖，而他却不能回赤桥拜祭自己的祖先时，他咏怀思乡之孤寂。② 正如他所说："教书一事束缚此身，不得自如，凡有些须别事，则受累不小。"③ 他说他觉得作为教书先生

① 刘大鹏：《退想斋日记》，第62—65页；刘大鹏：《退想斋日记（手稿）》，光绪二十七年（1901）二月初四日，（1901）六月十三日；胡玉仙、吴点齐：《乔"在中堂"简介》。

② 刘大鹏：《退想斋日记》，第55页；刘大鹏：《退想斋日记（手稿）》，光绪二十七年（1901）二月十七日。

③ 刘大鹏：《退想斋日记》，第71页。

的生活就像无田之佃农。①

作私塾先生也加重了他的感情负担。父亲送他读书是抱着他将来能中举以光耀门楣的期望，儿时的刘大鹏也有"封侯之志"。② 与此对照，他的业师则强调了教育的目的是修身，尽管最终目标是为治国作准备。村塾的多年里，刘午阳鼓励他研究经典的真义，而不是集中在科举的技艺上。之后在书院，社会压力已促使他投入罕见的精力在他所学之儒家义理上。到他往南席授徒时，他已经在科举考试中屡屡失败，以至于他对中举几乎不抱希望。带着所有这些过往，他来到太谷县，那里除了富商巨户的财富，功名算不上什么，因此他感觉他会因贫寒而遭人鄙视。不足为奇的是，他并不把儒家伦理道德视作有力的正统思想，而像是处在某种困境中且居于弱势地位的东西一样。③

1893 年的一天，他做了一个梦，梦中神仙告诉他唯一重要的是诚和敬。梦中，他重新定义了个人失败，认为这是一个选择问题：自此以后，他所应做的正是尝试做到诚和敬——其余皆不重要。此后，刘大鹏决定视能否中举为命运的安排，而希望能践行所学之儒家道德。他自号"梦醒子"，并写了一篇围绕此梦的自传，因为这是他的一个关键经历，塑造了他的自我认同，也让他

---

① 刘大鹏：《退想斋日记》，第 57 页。

② 同上书，第 198 页。

③ 参阅伊佩霞为李晨阳的《圣人和第二性》（*The Sages and the Second Sex*）所作的序言。

能理解多年的教育和失败。此后，刘大鹏的自我认同和价值确定不移：他是并且将是梦醒子，一个将科举的制度和结构作为梦想世界而鄙弃之，并且已将自己置身于真实的即便尚未得到认可的儒家价值世界里的人。

这一剧烈的转变经历解释了刘大鹏的内心冲突，但代价却是让他和同辈更疏远。刘大鹏投身于自己的儒家思想的鲜明特征当然没有被与他处于类似社会阶层和拥有相似教育背景的人们所分享。事实上，对大多数人来说，把道德自修作为教育目的似乎是愚蠢和狂妄的。刘大鹏确实偶尔能遇到志同道合的人，但是并不经常。有一次，在考试临末，刘大鹏坐着和一个姓崔的人攀谈。他们讨论考试，接着宽泛地讨论学术。姓崔的人说他在学习中强调道德品质，刘大鹏很开心能找到与自己观点一致的人，因此告诉崔，自己觉得他是一个"真正的读书人"。[1] 刘大鹏的一些老乡朋友无意中听到他们的对话并嘲笑他，这让他心烦意乱，为这种嘲笑所伤。他可能觉得在科场中讨论考试似乎并不合适，但是他不能理解他的朋友为什么嘲笑他和那位姓崔的人，仅仅因为他们强调修身的重要性。然而，对刘大鹏的大多数朋友来讲，忠于儒家是考试要求的套话，而非一种生活方式。

此梦发生后一年，刘大鹏第六次参加省试，这次他终于考中了。他的努力和对儒家的执著终有所获，最终使他能光耀门楣。他挨家挨户拜访了赤桥村民，随后花了几天时间拜访邻近的二十

---

[1] 刘大鹏：《退想斋日记（手稿）》，光绪十八年（1892）六月初二日。

几个村落和城镇并获得祝贺。[①] 但是，通过这个阶段的科举，仅仅强化了刘大鹏对自我认同的感知。事实上，考虑到他对自我的认同，举人的身份使他更要按照儒家君子的要求行事。此时已证明道德的自我约束最终会带来成功，他继续参加会试，看到通向权力的道路已经敞开，在他面前的是一条即使最富有的票商也无从设想的飞黄腾达之路。

1895 年，刘大鹏与已中举的朋友郝济卿一起进京赶考。刘大鹏的墓志铭作于 20 世纪 40 年代，其中便将进京赶考视作他一生的高峰：仅仅是进京赶考的经历就足以将他锻造为一名国家精英。这是刘大鹏第一次，很有可能也是郝济卿第一次，离开山西省。赴京便需两周，他们穿越了坐落在山西和华北平原之间的山脉。刘大鹏描写了整天跟着马车行迹的拾肥人和不畏严寒沿街乞讨的乞丐。和这样的贫寒相比，一路上人们以贵人待他们，并免除其他旅客须付的过路费。甚至在抵京前，刘大鹏觉得自己作为儒生的重要性已为政府认可。当到达京师时，他们俩对其宏伟壮观和人口密集印象颇深。城市如此之大，以至于仅仅从一条路到另一条也要乘四轮车和驴车。进入考场时更让人激动，最高级别的官员在考场门口集合，检验考生。至少在此，刘大鹏一生的奋斗和努力被公开地认可和赞誉。[②]

但京师也让他失望。假如人们用经典伦理和在科举制度中为

① 刘大鹏：《退想斋日记》，第 35 页。
② 同上书，第 41—42、592—595 页。

名利竞争这两个角度来划分世界的话，北京似乎属于后者。在刘大鹏看来，作为中华帝国的核心，北京似乎并非彰显高尚道德标准的地方。事实上，进京三天后，他说："观其风气，失于浮华，一举一动，莫非争个虚体面。"[1] 在京待了两个月后，他总结到：城市如此奢侈和放荡，不久会受天谴。他去逛庙会时，发现男女游客杂处，没有避嫌的努力，这让他尤为震惊。[2] 但是刘大鹏的失望并不局限在城市，人们对科举的态度也让他惊讶。乡试时，人们誊录考卷以防止阅卷官对可辨认字迹的考生徇私舞弊。尽管在会试中依旧如此，但是在殿试中并不力行誊录制度，而殿试正是决定官位授予的考试。这意味着考试非常强调书法。他满心痛恨地写道：

> 京都习尚写字为先，字好者人皆敬重，字丑者人都藐视，故为学之士，写字为第一要紧事，其次则读诗文，及诗赋，至于翻经阅史，则为余事也。[3]

书法仅仅是刘大鹏和郝济卿无望中进士的原因之一。回到南席后，刘大鹏拜托要去北京的旧弟子帮他买一本《皇朝经世文编》的最新版本，随后一年，他一直研习此书。这些文章也出自致用之学的传统，这一传统曾在太原书院激励刘大鹏，但是《皇朝经世文编》的作者将此传统发挥得比刘大鹏更深远。当刘大鹏研习

---

[1] 刘大鹏：《退想斋日记》，第595页。

[2] 同上书，第600页。

[3] 同上书，第40—41页。

这些文章时，他后悔自己忘记了（的确不太擅长的）欧几里得的《几何原理》，他曾在书院学习此书。他也知道专精算学的朋友胡瀛因算学成为会试的一门而被聘用，获得新机会。刘大鹏意识到，熟悉《经世文编》，至少略知西学已经不仅仅和个人的爱好有关，对通过科举考试也至关重要。对刘大鹏来说，问题是此时学习这些如今他认为重要的技艺已经太迟了：西学和书法都需要多年的练习。另外，制度可谓急速变化。当他和郝济卿一起到琉璃厂——那里以书店闻名，刘大鹏对堆积如山的书籍都感兴趣，包括很多他从没看到过的书，粗览这些书，他遗憾自己买不起的太多。仅购买一次当然不够，在南席的刘大鹏几乎不能和东部沿海大城市和更接近权力中心的学者同步。另一个山西举人激动地评论道，北京之所以是最好的城市，是因为各地的人们都赞美它，如此多的才子聚集于此，刘大鹏则沮丧地回答道，北京是很多人为名利而竞争的地方。那年，参加京师会试的 280 位山西举子只有 10 个人通过，刘大鹏和郝济卿并不名列其中。三年之后的 1898 年，他们再次进京赶考，又一次失败而归。[①]

刘大鹏两次进京的时间分别是 1895 年和 1898 年，这两年都是国家政治发展的戏剧性高潮。1895 年，在与日本争夺朝鲜控制权的战争中，中国刚战败，李鸿章正在和日本交涉谈判，最后签

---

① 刘大鹏：《退想斋日记》，第 62、68、73、595—596 页；刘大鹏：《退想斋日记（手稿）》，光绪十八年（1892）四月二十九日。也参见罗厚立、葛佳渊：罗志田：《清季科举制改革的社会影响》；罗志田：《科举制废除在乡村中的社会后果》；罗志田：《思想观念》；Elman（艾尔曼），"The Relevance of the Sung Leaning"。

订了丧权辱国的条约，在此条约中，清朝放弃了对朝鲜的控制，割让了整个台湾岛给日本。刘大鹏非常关注此事。他日记中记录了很多对谈判的议论和报告：他赞美两个人，一位是勇于上书要求处置李鸿章的人，另一位是北京当地一个大力士，他主动请缨去保护上书的官员。尽管他个人并未参与其中，但他记录了反对求和的公车上书，而且强调的是收到上书的官员所表现出的忠诚。① 回到山西后，刘大鹏继续关注和议的进展，并与赤桥村民讨论此事。1898 年的春天，百日维新前不久，刘大鹏又到北京。他的老师杨深秀深深地卷入此次改良运动，在各种变革的呼声中，杨深秀主张废除科举考试中必考的严格的八股文。后来，杨深秀被斩首示众。对刘大鹏及其他在京的人们来说，这个春天一定是充满热切激动的时期。

刘大鹏两次在京的时间和地点被普遍认为改变了很多中国人对改良和西化的看法。刘大鹏颇感兴趣地观察了这些政治事件，但这些事件对他的改变建立在他之前的经历和当时的关怀的基础上。他对变化感兴趣主要是因为他知道它们将影响到他的前途。他乘火车到天津，逗留了六天，所以他回到山西时不仅了解到京都的荣耀，而且亲自领略了一个非常现代化的港口城市。他认为，天津"甚觉便利"，但是这并没有改变他关于世界应该怎样的观念。新近到任的山西巡抚可能强化了刘大鹏的这一观念，这位巡抚以改革者闻名。他建立了纺织厂、火柴厂、军械厂。在村

① 刘大鹏：《退想斋日记》，第 41、600 页。

里，人们讨论着煤矿和铁路的开发，甚至一度有颇戏剧的谣言说，新的方言馆和西艺学堂将取代所有的书院，聘用洋人管理。[①] 刘大鹏宣称"时人皆忧中夏变成夷狄"，但是事实上，真正的改变很少。[②] 巡抚为多数人所不喜，当他离去时，他的多项新工程也付诸东流。

刘大鹏对时变颇有了解，尤其是当它们影响到至关重要的科举制度时。但是他的思考方式依旧建立在山西的生活的基础上：他的乡土出身、强调义理的教育、灾荒中的体认、在太原书院时的求学和举业的经历。的确如此，当他进京赶考时，他似乎没有和非山西籍的人谈话。相反，他和郝济卿建立了一生的友谊，郝济卿也来自太原县一个和赤桥类似的村庄。[③] 进京的经历并没有把刘大鹏和观念激进的那些地方联系起来，而是让他和这些与自己志同道合的人建立了联系。刘大鹏离京之后，他可能为考试学过其他东西，但是他仍旧将自己看作梦醒子，一个已经投入践行自己所学的儒家经典伦理准则的人。

---

① 刘大鹏：《退想斋日记》，第 57、58、66、83 页；《北华捷报》1898 年 2 月 7 日，第 174 页；1898 年 11 月 14 日，第 905 页；1899 年 5 月 15 日，第 864 页；1899 年 2 月 14 日，第 261 页。

② 刘大鹏：《退想斋日记》，第 59 页。

③ 同上书，第 433 页；石永泉：《太原市南郊区教育志》，第 206 页；2001 年 7 月对武炯生的访谈。

第三章　孝子

1895 年刘大鹏进京赶考时，他和友人游览了气势恢弘的东岳庙。在这里他们看到了逼真的地狱形象，那些神仙鬼怪的塑像让刘大鹏心胆俱寒。这里还有臭名昭著的秦桧的造像，游人过之必垂首而泣。他给山西读者解释道，这里与城隍庙相似，"狰狞恶鬼，凶恶判官，森然罗列，望之可畏"。[1] 刘大鹏显然对北京的东岳庙印象深刻，然而他之所以如此感兴趣是因为在他家附近的晋祠也有一座东岳庙。"迨至入祠瞻仰，目睹帝像尊严，两旁侍立鬼卒凶恶异常；神案之上，且有提牌、刑杖、鐡筒，如常审讯罪犯状。"[2] 作为儒生的刘大鹏宣称自己并不信阴曹地府之说，只信此生之余庆和余殃。即便如此，他很乐于见到去过东岳庙的人们皆内心懔然，担心身后果有阴司，并因此弃恶从善。

在刘大鹏心中，上天必奖善惩恶，孝心要求所有的孩子能像

---

[1]　刘大鹏：《晋祠志》，第 30 页。

[2]　同上。

父母爱己一般对待父母，这也是上天最看重的。正如他常讲的，"万事莫如德重，孝道为其首要"。① 当他隔壁邻居、鞋匠曹丁亥之妻突然在瘟疫中染病去世，刘大鹏解释道："由于丁亥夫妻不孝其母所致耳。孝经云：五刑之属三千，罪莫大于不孝。曹丁亥妻不孝姑，其罪甚大，宜乎伏于天诛也。"② 刘大鹏不仅用孝来评断他人，也将其作为严格要求自己的品德。他曾一度在晨起后静坐冥思，然后才开始写日记，因此他每则日记的起始部分往往反映了他沉思的主题。典型的一条是他开篇论及父母对自己疼爱之深，自己终生无以为报，并随后写道："余父大人在外经营，不遗余力，母大人在内调剂，费尽苦心。数十年间，供给余读书，以望余成法成名，而余也不才。"③

孝的重要性也体现在刘大鹏为准备科举而学的典籍中，他背诵的第一本书正是《孝经》。《孝经》开宗明义："夫孝，德之本也，教之所由生也。"④ 在这些经文及注疏中，孝与国家和秩序的维持息息相关：齐家是治国的基础，忠孝是孪生的美德。换句话说，孝子对父母的孝行正是臣下忠君的模范。作为清明政事的基础，孝在治理的体系中不可或缺。在中国官制中，当官员的父母去世时，官员必须返乡守制三年。朝廷重臣虽常可找到规避之

---

① 例如刘大鹏：《退想斋日记（手稿）》，光绪十八年（1892）七月初一日。

② 同上书，民国十五年（1926）七月二十六日；2001 年 8 月 2 日对赤桥村民的集体访谈。

③ 刘大鹏：《退想斋日记（手稿）》，光绪十八年（1892）九月二十日。

④ 《孝经》第一章。

法，但如果他们坚持守制，将获得世人的敬重。刘大鹏所崇敬的
曾国藩在父亲过世时选择从高位退隐，此事也广为人们传诵。

基于此类原因，官府一直支持宗族作为一种正式的组织，即
在亲属间建立起社会的、礼仪的和通常也是经济的纽带。刘大鹏
的妻子来自附近北大寺村的武家。武家人不仅编修家谱，而且还
建了自家的祠堂；每逢清明祭拜祖先时，他们将在祠堂的后墙上
挂起录有族谱的绸布，聚集在前，祭拜祖先。武家也控制了本村
职位的分配，不同支的武家人轮流掌管水利灌溉。但是相对于北
大寺，赤桥更多的是新近移民，因此并没有形成大的宗族，亦未
修建祠堂。刘大鹏家也确实有一块记有家谱的绸布，每到新年便
将其取出，那时他会写上该年的生丧。春节时，他将此悬挂在院
中，刘明和他的夫人坐在前面，刘大鹏带着自己的妻儿跪在他们
面前，向过世的和在世的祖先叩头。刘大鹏每年都带着他儿子去
祖坟上祭拜两次。但不像武家祭祀时聚集全部族人，这只有刘大
鹏一家，祖坟里也只埋了曾在赤桥居住的三代人。[①]

这些场合对近亲的强调和刘大鹏与族中其他人联系有限不无
关系——他们似乎和先祖迁出的山区五窑没有什么往来。和村中

---

① 刘大鹏：《退想斋日记》，第31页；刘大鹏：《退想斋日记（手稿）》，民国四年
（1915）年七月十五日；2001年8月2日对武炳生的访问；2001年7月28日对刘佐卿的
访问。参阅 Kutcher（柯启玄），"Mourning in Late Imperial China"；李怀印：《晚清及民国
时期华北村庄的乡地制——以河北获鹿县为例》。即使富人拥有放置祖宗牌位的家庙，
这种丧服在这一地区较典型（刘文炳，第269页）；参阅 Myron Cohen（孔迈隆），
"Lineage Organization in North China"。

的其他族人还有一些联系：刘大鹏记载了父亲如何出资为他的某位姑母操办丧礼，以展现其慷慨大方。其他族人是否欣赏这一姿态也未可知，自刘明去世后，这些联系似乎也消失了。仅有一次刘大鹏在日记中提到某个族人。大约在 1920 年代，一位年轻的马车夫刘端午来刘大鹏家住了一段时间。尽管当地的村庄不乏大户人家，而且刘大鹏自己也修了家谱，但是宗族在刘大鹏的日常生活中似乎并不重要。过年时，刘大鹏和家人也会祭祖，但是刘大鹏对父母关心更多。他会准备礼物，如衣服鞋帽和美味佳肴，敬献给他们。晚年，刘大鹏在父母的生辰祭日都会斋戒，并进奉贡品。从他日记的长短来看，比起祭祖的礼仪，这些缅怀家人的日期似乎有更多的个人价值。[①]

经典以及推动宗族构建的南宋理学把正式遵从礼制的义务置于孝道的核心。不仅有规则来规范孝子孝行，而且还特别强调如何正确地操办丧礼和祭祀祖先。事实上，孝顺可以被看作利用规则来克服子女疏离父母这一天性的努力。从此点看来，孝塑造了中国传统家庭内部在权力上的不平等。但是孝也是一种亲子之间感情的自然流露。长久以来，强调礼制义务的孝和强调慈爱和情感的孝之间一直存在着张力。16 和 17 世纪的文学和哲学都出现了对浓厚亲情的兴趣，也强调了通过亲密的家庭关系而表现包括

---

① 刘大鹏：《退想斋日记》，第 5、18、209、250、454 页；刘大鹏：《退想斋日记（手稿）》，民国十五年（1926）三月十九日；2001 年 8 月 2 日对郑湘林的访谈；1999 年 8 月 6 日，2001 年 7 月 28 日对刘佐卿的访谈。

孝顺在内的道德价值。在此之前，家礼被看作要激发与之相适的感情，而在此之后采用何种礼仪则通常取决于它们是否合乎人们的情感。情和礼之间的紧张一直存在，但是这种新的对情感的强调则让家庭内部关系显得更自然且适宜。这正是刘大鹏日记中所见孝敬的缘起。对刘大鹏来说，孝居于所有亲近家庭成员关系之上。在他的方志中，他讲述了 18 世纪当地一个孝子的故事，这位孝子每日回家，必向母亲请安，陪母亲聊天。这正是日常生活行事所体现的孝。①

刘大鹏在日记中描述了类似的情感，以及他自己与父母之间每日的敬爱相依。他记述了有一年的中秋节，他回到家中，此时父亲仍然奔波在外：

> 堂上母亲大人，见余即欣喜无限。因而设酒肴陈蔬果，命余夫妇与二子坐列两旁，洗盏共酌。余天伦之乐事。谈年岁之丰亨，母亲之志仅如也。迨日落于西，月升于东，陈祭物于庭中，设坐榻于月下。举头而望，扶衷自思。②

刘母看到儿子归来，用准备的饭菜来表达她的慈爱和愉快：肉和酒正是过节的标志。刘大鹏没有谈及自己从孤寂的书院返家后的

---

① 刘大鹏：《晋祠志》，第 626 页；参阅 Kutcher（柯启玄），"Mourning in Late Imperial China"，p. 48；Ebrey（伊佩霞），*Confucianism and Family Rituals*，pp. 31–33；Dorothy Ko（高彦颐）；*Teachers of the Inner Chambers*《闺塾师》；张寿安：《叔嫂无服，情何以堪》；Santangelo（史华罗），*Le Passioni nella Cina*《中国历史中的情感文化》。

② 刘大鹏：《退想斋日记（手稿）》，光绪十八年（1892）年八月十五日。

快乐，而是说自己因看到母亲高兴而感受到快乐。然而，他的描述正表达了他与母同乐的心情。

刘大鹏写到他和父亲一起去晋祠，到村子后面的山上野炊。有一年，他和父亲一起去村南几里外的另一个村里逛庙会。那年收成不错，村民们认为龙王给他们带来了雨水，因此要酬谢龙王，之后再将龙王请回深山过冬。刘明雇了一辆马车，带着一坛酒和五吊铜钱，领着刘大鹏去逛庙会。当他们到的时候，戏已开场。刘大鹏称赞了所选的戏目，他觉得这几出戏展现了"忠孝节义，教人行善除恶"。但是戏台周围挤满了人，无地立足。因此刘大鹏和父亲在平地边缘的崎岖处停下车，那里有一群孩子在嬉戏玩耍，能看到在山顶盘旋的飞鸟。刘父把带来的铜钱给了刘大鹏，让他去买一些熟肉吃。于是他们坐在石头上，吃肉饮酒，对景闲谈。刘明感叹道，他们与三代之人同乐。随后，刘明回到车里，刘大鹏则逛至别处，碰到了几个从太原来逛庙会的朋友，他们一直聊到夕阳西下，刘父派人来寻他时才散去。刘大鹏和刘父乘车返家时，明月当空，刘明感叹此时从庙会回家何其方便。刘大鹏说，但愿人心像明月一般皎洁。刘父赞同此说，刘大鹏回答道："敬尊大人命。"[①]

刘大鹏对出游的描写道出了父子相伴的快乐，这也是孝行的

---

① 刘大鹏：《退想斋日记（手稿）》，光绪十八年（1892）九月十七日；也参见刘大鹏：《晋祠志》，第 113 页；刘大鹏：《退想斋日记（手稿）》，光绪十八年（1892）九月初九日。

体现。刘明总是占支配的地位：是他提议去庙会，并雇车，且由他决定何时返家。此场景中的问题也体现在当刘大鹏从皎洁的明月中引出道德训谕，获得父亲的赞同时又连连称是，好像只是附和父亲的观点。这次郊游中流露的感情看似简单，其实皆构建于一种复杂的情境中，即虽然刘大鹏的教育和功名在其父之上，但是他所习得的孝道却要求他要遵从父亲。父子之间的社会和教育差异在数年后刘大鹏请父亲为《晋祠志》所写的序文中体现得尤为明显。相对于儿子刘大鹏而言，刘明的文风则显得更为简单粗糙，他在序言中抱怨自己没有精力通读整本方志，在指出有关乡校和河利的章节最为重要之后就匆匆收笔。[1] 有功名的刘大鹏通过著书确认了自己的地位，并且能够以敷教者自居，但是作为孝子，他描述了完全顺从学问稍逊于己的父亲所带来的愉快。

刘大鹏和他父亲关系的复杂性似乎更需强调感情作为父子关系的组成部分。刘父过世后，刘大鹏自然悲痛欲绝。他清楚自己的礼制义务：在中国的经典中，为父母操办合适体面的丧礼是孝道最重要的表现之一。他甚至担心丧礼操办不当将招致罪愆，并触怒上天。因此，当他之后患腹泻时，他确信这是上天对他的惩罚。即便如此，和礼数相比，刘大鹏仍旧对情感赋予更高的价值：他最终宣布自己已是六神无主，全然不能主持丧礼，只得交给自己的儿子们。日记记录了他悲痛欲绝的心情：他终日呜咽流涕以致全家都很担心，尽力分散他的注意力。一个多月之后，当

---

① 刘大鹏：《晋祠志》，第 6 页。

他早上醒来，以及每次走进房间而意识到父亲已不在世，他还是会忍不住挥涕。他回到南席坐馆后，甚至在陌生人面前也会突然痛哭流涕。泪水也让他整夜不能安睡。一天夜里，淅淅沥沥的雨声让他悲伤不已，整个私塾都能听到他的呜咽声，他的仆人也被惊醒。[①] 他边抽泣边教书，学生都惊恐万分，不知用什么样的语言安慰鼓励他。[②] 接连三个月刘大鹏都如此悲恸。有一次，他的挚友郝济卿来看望他。郝济卿和刘大鹏同为受过教育的读书人，因此更能理解、同情并宽慰他。郝济卿带着刘大鹏出行游览数日，在南席陪伴他过了些许时日。郝济卿走后，刘大鹏的悲伤才渐渐散去。[③]

刘大鹏对孝的投入，尤其他对慈爱和情感的强调，意味着父母在世时他和父母的关系主导了他和其他家人的关系。他的夫妻关系尤其如此，即便他在南席坐馆，他的妻子一直留在赤桥老家。刘大鹏从南席返家时，日记中出现的描述几乎尽是母亲见到他的欢愉；相比之下，妻子似乎微不足道。这是非常老套的做法，但是也反映了孝道相对于家内其他人际关系的重要性。编辑

---

① 刘大鹏：《退想斋日记（手稿）》，光绪三十四年（1908）正月初三日，光绪三十四年（1908）正月初六日，光绪三十四年（1908）六月初三日，光绪三十四年（1908）正月初一日，光绪三十四年（1908）二月初三日，光绪三十四年（1908）二月初六日，光绪三十四年（1908）二月十七日，光绪三十四年（1908）二月二十七日，光绪三十四年（1908）二月二十九日。

② 同上书，光绪三十四年（1908）三月初二日。

③ 同上书，光绪三十四年（1908）三月二十八日至四月二十六日。

出版《晋祠志》的作家慕湘 20 世纪 30、40 年代也在太原居住，他曾经写了一本以当时当地为背景的小说。书里，他描写了一个场景：主人公，一位共产党士兵，离开多年后回到家乡，先花了一整天的时间和乡亲们交谈，之后是父母，最后才能和妻子说上几句话（尽管他深爱着妻子）。[1] 这个故事正巧和刘大鹏的经历相呼应：他和他前两任妻子的关系（他曾两度丧偶）都服从于他和父母的关系。

他第一任妻子来自北大寺武家。这次婚姻大概在他十五岁左右，应该是父母包办。从社会角度来看，刘大鹏的新娘来自和他差不多的背景：她家人有一些在北大寺种田，其他一些在晋北、蒙古和俄国经商。尽管这让家庭收入可观，但是武家并不富有，大多数男性都未读过书，刘大鹏的妻舅们可能也不识字。和刘大鹏相比，他妻子很年轻时就过世了，她过世后，刘大鹏和一个叫郭静的女子再婚。此时他已经 40 多岁了，因此在选择第二任妻子时，他很可能有更多的发言权（尽管婚礼前，他们很可能并未正式见面）。刘大鹏对郭静的喜爱可以从他日记里一些间断的记载中勾勒出来。1902 年，郭氏染病，刘大鹏不惜花费二十两为她置药。这笔支出占了他年收入的五分之一，这也是最终导致家里负债的大花销之一。后来，她虽然康复，但是身体一直不好。在 1908 年刘大鹏的日记中，他从噩梦中惊醒，只因梦到妻子重病。那年年末，她就过世了。他为她举办了风光的葬礼，邀请了两百

---

① 　慕湘：《晋阳秋》，第 516—525 页。

多个宾客，至少有六十人参加了出殡。郭静生前，刘大鹏偶尔在日记中以担忧的笔调强调爱父母比爱妻子更为重要。他甚至有一次评论如果人们能事亲如爱妻，他们将成为在孝顺上更优的典范。①

郭静去世时刘大鹏 52 岁，他又和一个叫史竹楼的年轻女子成婚，之前她是南席武家赠给他的丫头。他和史竹楼的关系与前两位妻子都不同，因为前两任妻子都来自有家业的家庭，刘家和他们有密切的关系。史竹楼自幼离家被卖作丫头，她和刘大鹏的婚姻象征着东家的慷慨资助，而不是两个家族的联系。没有迹象表明他对史竹楼的感情如对郭静一般，但是他慢慢开始尊敬她了。史竹楼似乎是一位能干务实的人。他记下了她如何为他缝制棉裤，照顾她的孩子以及刘大鹏的孙子（他们年龄相仿）。刘大鹏的孙子还记得史竹楼听孩子们念书并自学识字，之后还读了名著《西游记》。在刘大鹏的日记里，史竹楼比郭静显得个性更强，也许这是因为他们结婚时刘大鹏的父母已经过世。假如他曾经担心偏爱妻子甚于父母，同史竹楼在一起时已不需要担心这些。

刘大鹏的孝心也影响到他和子孙的关系。刘大鹏最敬佩史竹楼的一件事情，就是她乐意给他的孙子喂奶。有一次，他描写到

① 刘大鹏：《退想斋日记（手稿）》，光绪十八年（1892）七月初十日，光绪二十七年（1901）十二月十一日，光绪三十四年（1908）三月初五日；刘大鹏：《退想斋日记》，第 118 页；2001 年 7 月对武炳生的访谈。

她如何照顾尚在襁褓的孙女，这是他三儿子刘珣的孩子：

> 三男珣妇昨生一女。凌晨呱呱而啼，盖欲乳。内人史竹
> 楼闻之即于□爽往乳孙女，以珣妇产方未几，乳尚未也。儿
> 女初生抚养备至，方得妥式。父母之恩，昊天罔极。儿女成
> 人，不孝父母，其罪大矣。[1]

自古，强调儿时所受父母之爱正是孝道的标准论证之一。但是这种孝的观念也影响到父母与子女之间应如何互相对待的标准。尤其是，它倾向于在孩子年幼时产生一种深厚的情感投入，尽管孩子很可能因疾病而夭折。刘大鹏的女儿刘红喜于1901年夭折，她才病了三天。从她生病的第一天就开始高烧，刘大鹏知道小儿病尤其难治。当她高烧不退，他给她服用了一剂叫作九驱散的药，这在儿科病症中广泛使用，但疗效甚微。第二天，她得了急性腹泻。第三天，她就离开了人世。刘大鹏在日记中写道：

> 次女红喜，名曰三岁，其实未满二岁，才一岁八月。昨夜
> 病势甚危，昧爽更甚，请来看小儿之人亦谓难治。卯刻尚然呻
> 吟。霎时神气大变，遽而殇亡。余之不德亦甚矣。胡以小小一
> 女夭犹夺之而不使生耶。[2]

随后，为了表达自己的情感，遵从纪念夭折女婴的诗词传统，他

---

① 刘大鹏：《退想斋日记（手稿）》，民国十五年（1926）六月初六日。
② 同上书，光绪二十七年（1901）五月初一。中国人以新年开始增岁，婴儿降生记为一岁。

写了四首短诗纪念夭亡的女儿。[①] 诗中，他悲叹生命的短促以及突然的夺命之病，还将女儿比作罕见的美玉，在另外一首诗中，则将她比作甫一开放就被风雨摧折的花朵。他在结尾处拭去眼泪，起身前去向父母禀报所发生的一切。

刘大鹏的三任妻子先后有九个孩子活下来——前后五十年间降生了五男四女。他最早的儿子刘玠和刘瑄大约在 1870 年代出生，他的小女儿璧英则出生在 1925 年。他的长孙出生在 1896 年。最后他的五个儿子为他所生的孙子中有七个活下来。所有这些孩子都在赤桥长大，从他第一个孩子出生，家里就一直有小孩。除了偶尔因抚养这么多孩子的花费而担忧之外，刘大鹏喜欢孩子们在身边。很多日记都描述了他被身边玩耍的孩子们吵醒时所感到的快乐。之后，当孩子们稍稍长大，他常会带他们去听戏或者逛晋祠。在那儿，他经常教他们——就像他父亲曾教他——凭栏俯视石龙喷水，一如大珠小珠落入玉盘。1901 年，长女七岁生日那天，刘大鹏带着她和父亲以及四个儿子——刘玠、刘瑄、刘珣、刘璘，和孙女喜谦一起去晋祠看戏，喜谦那年五岁。刘大鹏的孙子刘佐卿在其母亡故时还是个婴儿，由祖父母抚养成人，曾记得和刘大鹏一起去太谷做生意、到山上的大寺庙里参观。如今和刘佐卿聊天，他在言谈间流露出对祖父的敬爱，这种感情都来自幼

---

① Hsiung（熊秉真），"The Domestic, the Personal, and the Intimate: Changing Father-Daughter Bonds in Late Imperial China"；常赞春与刘大鹏熟识，他曾为刘七个月夭亡的女儿写了悼亡传记。常赞春：《西京草堂集》卷 6，第 27 页。

时祖父对他的爱。这种感情也是构成孝的情感内容的重要部分，因为孝道要求孩子以敬以爱报答父母生养的无限恩情，刘佐卿显然是这么做的。①

强调与父母建立个人的亲密和慈爱的关系来践行孝心倾向于削弱何为孝行的观念，意味着和经典中描述的严格礼仪相比，作为美德的孝变得更加随意。刘大鹏对他的女儿和媳妇的期望表现得尤为明显。在这个语境里，孝心被看作是儿女对父母慈爱的自然反应，人们也希望女儿能和父母有强烈持久的关系。事实上，妇女常被看作比男性更富有感情。刘大鹏的女儿婚后常常回家看望他，尤其在村里的节日和他生日时，她们会特地赶回来。如果某个女儿不能回来或者回来了却不能留下来和家人待上几天，他会感到失望。他也希望媳妇们能和她们的家人建立类似的关系：他讲述了某天他叫醒一个儿媳，让她早点出门，因为她当天应该回家探望父母，随后他泪光闪闪地写到自己的父母已经过世，再也无法相见。他的确论及媳妇不应在娘家待太长时间，但是他所谓"太长"是指超过一个月之久。②

---

① 刘大鹏：《晋祠志》，第113页；刘大鹏：《退想斋日记（手稿）》，光绪二十七年（1901）五月十八日，光绪二十七年（1901）十二月十四日，民国十五年（1926）10月初四日；1999年9月6日，2001年7月28日对刘佐卿的访谈。

② 刘大鹏：《退想斋日记》，第21、357页；刘大鹏：《退想斋日记（手稿）》，民国十四年（1925）三月二十三日，民国十四年（1925）六月二十三日，民国十四年（1925）七月十七日；Ko（高彦颐），*Teachers of Inner Chambers*（《闺塾师》）；Judd（朱爱兰），*Niangjia：Chinese Women and their Natal Families*。

在婚后，女儿和父母的这类亲密关系依旧持续，这也是地方文化的一部分。1890 年代太原地区收集的民间传说中就收录了家喻户晓的牛郎织女的故事，这一版本中受哥嫂虐待的牛郎逃到天边，遇到了王母娘娘的一个女儿从天界下凡到人间洗澡，便偷了她的衣服。他们后来结了婚，育子后她要回了她原先的衣服，回到天上探望她的母亲，但是王母娘娘因为女儿如此长时间离家未归而大怒，惩罚她和丈夫分居银河两边，每年只有在七月初七才能相会。相爱的夫妻见面时相互倾诉分离之苦，而这相思之泪化作人间的细雨。这故事讲述的正是女儿对母亲应有的感情，它本应体现为时常的探望，却因夫妻之爱而打断。刘大鹏也讲述了另一个故事，某个地方官家中有一位才女，一天她梦到自己进入一个庙宇，那里坐着的三个女人对她讲她们会帮助她父亲捉捕一个越狱的和尚。当她醒来时，她向父亲讲了自己梦中之事，同时发现当她睡着时，和尚已经被村民在当地的一个庙里捉住，而那个庙宇正供奉着三位烈女。女儿对父亲的敬爱意味着即使在超自然世界里她也会帮助他。[1]

女儿和娘家父母之间亲密而持久的关系是亲家之间关系的强大纽带。宗族谱系都是以男性一支记录（妻子只有姓可录入族谱，女儿则毫无记载），反映出与刘大鹏家类似的理想家庭，是由已婚的儿子和他们各自的孩子同父母、可能还有祖父母共同生

---

[1] 《北华捷报》1895 年 1 月 4 日，第 15 页（George Farthing 是当时本区的传教士）。刘大鹏：《晋祠志》，第 569—570 页。

活在一起组成的。但是现实中一户人家经常包含女方的亲戚。针对太谷县某个村庄的一项调查发现，有些户里住着户主的已婚女儿或者外甥女、妻子的父母或者祖父母、母亲的父母、妻子的兄弟和一些其他姻亲。尽管这项调查是 1930 年代进行的，但是其展现的绝非是一个新的现象。事实上，世事艰难，有些女方免不了要仰仗娘家或者奉养自己的父母。单单是强调孝顺的情感内涵就能说明这一问题。在赤桥，村里最大商铺的店主和他妻子、孩子、一名仆人以及岳母一起生活。曾有一段时间，刘家也住着刘玠的妻弟，那时他在本地学校读书。但是这仅仅是刘大鹏和他妻子娘家保持密切关系的一部分。1926 年，当刘家中有数人生病时，刘大鹏的妻舅郭庚武就来到刘家照顾病人，为时一月有余。而那时郭庚武的妹妹——刘大鹏的妻子去世已近二十年。①

同样的逻辑似乎也让由女儿祭祖或祭祀母家的祖先合理化。每年清明节，刘大鹏和他的儿子不仅祭奠他父亲这边的三代祖先，而且也拜祭母亲的父母和兄弟，因为刘母的哥哥身后无嗣。晚年，刘大鹏曾悲叹世事变换，但似乎并没有觉得女儿和孙女来履行祭祀的职责有何不妥。1926 年刘玠死后，尽管刘玠之子亦可操办此事，不过还是他的女儿给他过的百日忌辰。② 1939 年中元

---

① 刘大鹏：《退想斋日记（手稿）》，民国十四年（1925）七月十七日，民国十五年（1926）十一月初八日至十二月初十日；武寿铭，第 25 页；1997 年 9 月 10 日对赤桥村民的访问（回顾 20 世纪 30 年代）。

② 刘大鹏：《退想斋日记》，第 31、370 页。也参见第 408 页。

节，刘大鹏随意记录了"予率儿孙男女六、七口恭诣祖茔"。① 建立在慈爱基础上的孝顺显得足够灵活，以至于让妇女参与祖先祭祀的活动。

但是，强调情感就需要有所变通，这也造成了一些困难。多数时候并没有简单明了的规则：人们期望孝子取悦父母是出于对父母的自然情感。更进一步，孝的关系不得不在有限的空间内履行。1905 年，赤桥刘家有两大间、两小间和一个四周环绕的储物棚屋四合院，家里住着四对已婚夫妇（刘大鹏、他的三个大儿子及其妻子）、四个十岁以下的孩子，还有刘大鹏的父亲刘明。刘大鹏和他的父亲大部分时间都在外工作，但是其他家人都居住在一起。成年妇女都根据山西的风俗缠了足——缠足之严苛使得妇女们走路时都要伸出手臂或者使用拐杖来保持平衡——因此足不出户。② 在这样一户人家，孝顺所要求的密切关系至关重要，且时刻受人检视。

刘大鹏和他母亲旷日持久的争论发生在 1901 年的春天，这也能让我们多少了解发生的类似问题，尽管刘大鹏一直努力尽孝。事实上，那时全国的政治局势引发了这次争论：法、德两国的军队在山西边境集结，意欲为去年仇外的义和团在太原屠杀的外国传教士及其家人报仇。当洋人进军的消息不断传来，刘大鹏

---

① 刘大鹏：《退想斋日记》：第 547 页。

② Eva Jane Price, "China Journal 1889-1900", pp. 48, 51；1999 年 9 月 6 日对刘佐卿的访问；Charles Perry Scott（史嘉乐），*An Account of the Great Famine in North China*, p. 24.

离开私塾回到赤桥照顾母亲，而他父亲依旧留在李满庄。刘大鹏的日记记录着他对父母和妻子的担心，还有他因父亲拒不归家而产生的无奈。后来在一条显得心烦意乱的日记里，他说自己回家后并没有遵照母亲的心意，自己是天下最不孝的逆子。似乎其他所有的村民都逃到山里了，刘母也希望外出避难，但是刘大鹏不同意。几天后，他明白地说是因为自己教训了仆人而惹得母亲大人心烦。我们并不清楚具体发生了什么，但是看上去像是因为刘大鹏篡取了家中原本属于母亲的权威。因为丈夫和儿子都外出工作，一年的大部分时间里都是刘母持家。这种情况在当地非常普遍，因为许多男人都长时间在外经商。许多小曲讲的是丈夫外出经商留下妻子在家的故事，这在春节的娱乐中颇受欢迎。这些妇女伴随年岁增长，蓄积了一定的权威。1901 年，刘大鹏已经四十四岁，显然他想当家作主；但是孝道要求他必须遵从母亲，而孝心则意味着他必须因争论而负疚。①

　　由于孝是通过人际关系表现出来的，因此很难完美，类似的母子争吵让刘大鹏产生很强烈的罪恶感和愧疚感。这也时常充斥于他的日记。他常写道为孝之不易，痛斥自己是"天下至不孝子"。②

---

① 刘大鹏：《退想斋日记（手稿）》，光绪二十七年（1901）三月初十日至光绪二十七年（1901）三月二十五日；安介生；武寿铭，第 6 页；《中国民间歌曲集成：山西卷》，第 204、213 页。

② 刘大鹏：《退想斋日记（手稿）》，光绪二十七年（1901）六月十九日；Wu Pei-yi（吴百益），《儒者的历程：中国古代的自传写作》；Kutcher（柯启玄），pp. 28-31；Hsiung（熊秉真），"Constructed Emotions: the Bond Between Mothers and Sons in Late Imperial China"；Santagelo，"Human Conscience and Responsibility in Ming Qing China"。

这样的罪恶感的核心是他不能满足父母的期望：他清楚自己多年来一直接受父母经济上的资助，他既没能赚钱，也没有通过科举致仕。对此，他时常哀叹不已，有一次他在日记结尾处写道"何以摆脱罪恶？"① 又有一次，刘大鹏内心冲突发展到极点，他做了一个梦，梦见自己坐在一堆草上，发现自己正压死两条蛇，他将此解释成上天对他不够孝顺的警告。② 即便他和父母之间最融洽、最慈爱的时刻也掺杂了愧疚之情。那次中秋节回家，他母亲非常开心，这也是日记中最幸福的场景之一，但是他在次夜所吟诵的诗歌则表达了自己无法报答母爱的愧疚：

> 坐庭以赏望兮，意念恢宏。
>
> 向蟾宫以远眺兮，月色光明。
>
> 西山其万叠兮，气象峥嵘。
>
> 东畴其千亩兮，烟景澄清。
>
> 乌鹊其南飞兮，忽然夜鸣。
>
> 晋水其北流兮，戛戛有声。
>
> 念亲思之高大兮，天地相并。
>
> 恨已心之不孝兮，惭愧弥萦。
>
> 我思其悠悠兮，何日慰父母之深情。③

那年岁末，刘大鹏为母亲的生日拟了一篇祷文，他在黎明时分进香拜神默默祷告。祷告中，他赞美了母亲对穷人的慷慨，随后悔

---

① 刘大鹏：《退想斋日记（手稿）》，光绪十八年（1892）八月三十日。

② 同上书，光绪二十七年（1901）四月初四日。

③ 同上书，光绪十八年（1892）八月十五日。

恨自己不能报答母爱之万一。罪恶感淹没了刘大鹏，最后他乞求上天折减己寿，为母添岁。[1]

从以上这些态度和信仰可见，当家庭面临灾难时，刘大鹏深信这是上天对其缺乏孝心的惩罚，在这样一个苦难丛生、生命如浮萍的世道中，他一直秉持这样的观点。刘明在李满庄经营一个店铺，那里有一个传教士开的诊所记载了很多像患了白内障的劳力最后沦落为乞丐的事例。素日为人敬重的人也有可能因时运不佳而沦为乞丐，刘家遭受的不幸则主要是家中的妇女和孩子过世。刘大鹏结过三次婚，他的儿子刘玠四次，刘珣两次，每次都是因为妻子过世。刘瑄的妻子也过世了，但是他没能再婚。妇女常因难产而死，但是和男性相比，她们也有可能营养不良：除了最贫寒的人家之外，一般人家都是公公婆婆最先吃饭，随后是上工的男人，最后才是媳妇们。除此之外，这里的习俗是妇女分娩之后只吃小米粥，有时要吃上几周。缠足意味着妇女运动很少，常居于灰暗和烟雾缭绕的房间里。很多妇女遭受着贫血、软骨病和肺病的侵袭。太原县的人口统计显示，能够寿终正寝的女性比男性少得多。[2] 孩子们很容易死于疫病：1926 年，村里的一场传

---

① 刘大鹏：《退想斋日记》，第 14 页。

② 哈佛大学霍顿图书馆（Houghton Library），美国布道会的山西传道区。1888 年《美国布道会山西传道区第六届年会纪实》；Harold Scholfield（赐大夫），《太原府医疗布道区第二届年会》，第 10 页；刘文炳：第 2、303 页；冯和法：《中国农村经济资料》（1928 年对晋祠和附近三个村庄的调查），第 738 页；张正明：《山西历代人口统计》，第 233 页（1919 年统计）；1997 年 9 月 11 日对赤桥村民的访谈。

染病在短短数日内夺去刘大鹏三个孙子辈的孩子。尽管全家人都全力寻找能为他治病的大夫，六岁的庚忠仍在一天清晨死去；他五岁的妹妹喜楣那天夜里也离开人世；几天后，他们"三岁，跛足，手指无拿针之力"的妹妹喜龄也死了。① 拥挤的房间意味着疾病传播非常迅速：庚忠、喜楣、喜龄和父母睡在一个单间，他们的父母虽然也染病但都挺了过来。平日的生活再三被这样猛烈的时疫打乱。1913 年，几里外的邻村里五十个儿童因白喉爆发而死亡。受过西医训练的医生记录了霍乱、白喉、伤寒、猩红热、流感、麻疹、赤痢、天花——所有这些都夺去了大量儿童的生命。②

刘大鹏几乎总认为疾病和死亡是上天对他的惩罚。这是传统的儒家信条，对某些疾病来说尤其如此：传教士医生注意到他们的病人将失明看作是对某种罪过的惩罚，因此更容易接受基督教的教谕。作为一家之长的刘大鹏也为家人的疾病背负起道德上的责任，就像地方官员甚至皇帝会为干旱和其他自然灾害负责一样。然而，刘大鹏对疾病不同的处理方法表明天谴只是各种现成的诠释之一。1901 年早春，他得了病，头痛，脖子疼，因此那年春节期间他都卧床休息。他的第一个反应是觉得这次生病一定是

---

① 刘大鹏：《退想斋日记（手稿）》，民国十五年（1926）十一月二十六日，民国十五年（1926）十二月初十日。

② 《太原市南郊区志》，第 781 页；《北华捷报》1902 年 8 月 2 日，第 419—20 页；1915 年 5 月 20 日，第 586 页；1917 年 2 月 10 日，第 275 页，1892 年 3 月 25 日，第 378 页；Harold Schofield（赐大夫），p. 10。

上天的警告。[1] 因疼痛持续，他在脖子上贴了一贴膏药，用铜币刮痧。他也尝试用醋和烈酒清洗痛处。与此同时，他冥思孝悌防病的重要性，因为家庭和睦不仅带来邻里的尊敬，而且也能使鬼神顺悦。[2] 疼痛并未消退，几天后曾给刘母医病的大夫在他脖子处扎了两针，并开了药方。[3] 邻妪也来为他按摩颈部，并且贴了谷壳、泥巴、口水及面粉和成的膏药——刘大鹏那时仍旧将自己的病痛归结为不够孝顺——那天夜里他感觉好一些了，并且满怀希望地写道："天罚将盈，从此渐致宽恕。其罪乎身之疾病皆由罪恶之积干犯天怒所致耳。"[4] 这一次疗效似乎不错，邻妪再次被请了过来。黄水从贴膏药的地方流出来，刘大鹏解释说这是所受之风已变为毒也。虽然痛处仍未消退，但刘大鹏离开赤桥回到了南席的私塾。在那儿，他那些受过教育的朋友分析了这一症状，认为疼痛由风寒引起，并劝他使用另一副膏药。刘大鹏让儿子刘瑄给他用酒按摩肩膀，随后敷上这种膏药。然而这并未奏效，疼痛逐日加剧，他把问题归结为自己的罪愆招来上天的惩罚。他尝试了流行的拔火罐，随后又听了朋友的主意，把炸过的青葱放在脖子上，后来东翁送来了用虎骨熊脂制成的膏药。到那时，他已

---

① 刘大鹏：《退想斋日记（手稿）》，光绪二十七年（1901）正月十二日，光绪三十四年（1908）三月初八日；1888年《美国布道会山西传道区第六届年会纪实》；参阅 Elvin（伊懋可），"Who Was Responsible for the Weather？"。

② 刘大鹏：《退想斋日记（手稿）》，光绪二十七年（1901）正月十四日。

③ 同上书，光绪二十七年（1901）正月二十三日。

④ 同上书，光绪二十七年（1901）正月二十六至二十七日。

经病了六周，他的父母请来刘大鹏的一位擅长巫卜的友人为他诊断，开具药方。这个诊断用传统中医经典术语写成，认为病痛是长期劳累、肝肺缺血引起的。刘大鹏对此药方很满意，但是方子里面有经典药方中的名贵药材，因此刘大鹏在服了八剂之后就放弃了，转而使用自己的办法。他到太谷县城去泡澡，试图祛散恶风，还服用家人送来的叫作万金散的泻药。到那时，刘大鹏已经病了四个月了；他开始将此看作是命。又过了三个多月，刘大鹏最终康复，在此期间，他还发过一次烧；到另外一位大夫处诊病，大夫开了一副可以祛散风毒的药方；把时疫归咎于前年义和团滥杀数百天主教徒一事；而他的东家给他的一剂处方则要求一个年轻女子用毛巾上下摩擦一根热杵七千七百四十九次。①

当我们审视他对病症的描述时，我们看到刘大鹏一直将疾病理解为上天的惩罚，而又将疾病和自己不够孝顺相联系。进一步观之，很多治疗方法都是家庭成员推荐或施行的，因此这也增进了家庭的和睦。但是，与这种儒家的取向并存的有诸多其他诠释，并且刘大鹏大抵也都相信。几种治疗方法都旨在祛除体内的邪毒：各种膏药和火罐是要让脓从疮里流出来，大夫的药方旨在

---

① 刘大鹏：《退想斋日记（手稿）》，光绪二十七年（1901）正月二十八日，光绪二十七年（1901）二月初五至初十日，光绪二十七年（1901）二月二十一日至光绪二十七年（1901）三月初三日，光绪二十七年（1901）四月十四日，光绪二十七年（1901）四月二十二日，光绪二十七年（1901）四月二十五至七日，光绪二十七年（1901）五月初十日，光绪二十七年（1901）七月初十日；刘大鹏：《退想斋日记》，第 98 页。

祛邪风，泻药则为通便。尽管体内有需要祛除的邪气这一观念和刘大鹏自己的罪恶感吻合，但是两者毕竟不同，因为毒脓是一种物质，流出时可见。从那位能够神灵附体的朋友那里得来的处方也诊出刘大鹏体内有邪气，但是刘大鹏的父母求助于半仙，通过神力来获取病方，则体现了他们一种截然不同的信仰，即相信在各路神灵中，某些神祇在解决某些问题时尤其灵验。在另一处，刘大鹏自己记录了从晋祠供奉的吕洞宾那里得来的药方是如何地灵验。发烧在刘大鹏看来是自己病症的一部分，其实也是赤桥爆发的时疫的一例，这当然也会让村民开始祭拜瘟神。[①] 最后，请年轻姑娘搓热杵可能来源于两种观念的混合：交感巫术和对少女的特异功能的信仰。从社会层面看，各种处方颇为不同，因为和邻妪的方子（唾液、泥巴、谷壳和面粉和成的膏药）相比，刘大鹏富裕的东家提供或建议的处方（虎骨和熊脂的膏药，搓热杵）更贵重，且更难得到。但是，方子所暗示的经典中医传统似乎与社会阶层并不相关。相反，不同方法的治疗表明刘大鹏的儒家世界观和他置身的社会中存在的其他迥异的世界观共生共存。

这时，刘大鹏对孝道的理解很容易融入各种治疗方法里，但是在其他情况下，他的信仰和身边人们的态度多有冲突。葬礼秉承了古老的礼仪规范，也是大量文献的主题，然而即使如此，刘大鹏仍然被强调对逝者的感情的地方习俗和儒家典籍中礼仪规则

---

① 刘大鹏：《晋祠志》，第 650 页；刘大鹏：《退想斋日记》，第 304、349 页（祭祖在其他年份）。

之间的差异所折磨。对于自己的决定，他很难找到理由来说服自己，更别提在遭到邻里的批评时为这些决定辩护。其中的一个问题正是在丧礼中如何处理那些佛教的仪式。正如他观察到的：

> 晋俗殡葬，必用僧人诵经，谓之超度死者。此俗坚不可破，间有不用僧人者，群且非之，甚且谓为不孝，以其不为父母解罪也。[①]

然而当 1903 年刘母过世时，刘大鹏拒绝请和尚在丧礼上诵经。（他宣称这是他父亲的意思，但另一处刘大鹏描述丧礼时，父亲同亲友在别处坐着交谈，因为［刘明］"不知出丧事也"。[②]）这个冲突在中国由来已久，此时刘大鹏选择站在儒家正统这一边。事实上，这正是体现了国家正统和民间文化之间差异的典型例子。但是几年后，1908 年在刘父的丧礼后，刘大鹏记录了他自己去县城回拜那些早先来吊唁的人家，并且派两个年长的儿子刘玠和刘瑄去南席回拜。地方习俗要求丧亲之子应当身披丧服，手扶荆杖，到亲戚熟人的家门前跪倒在地，以示尊重。这和正统儒家观念相冲突，儒家认为孝子应当因父母过世而悲痛不已，以至于终日昏沉而仅能在家休息，事实上这种地方习俗在 19 世纪 30 年代被太谷县令明令禁止。[③] 在两次丧事中，刘大鹏在经典礼仪典

---

① 刘大鹏：《晋祠志》，第 69 页。

② 刘大鹏：《退想斋日记》，第 123—124 页。

③ 刘大鹏：《退想斋日记（手稿）》，光绪三十四年（1908）正月十九日，光绪三十四年（1908）正月二十四日；《太谷县志》（1993），第 767—768 页；Ebrey（伊佩霞），p. 88。

范、他自己对孝的阐释以及地方风俗之间找到了一种微妙的平衡，他自己的观念强调情感和个人关系，而地方风俗则更倾向于以牺牲礼仪典范为代价来强调感情的表达。

刘大鹏自己在平衡地方观念和儒家实践中是相对成功的，但在《晋祠志》中，他为自己在赤桥村塾的同学张桢作传，张桢曾以七出为由休妻，却引起了轩然大波。像刘大鹏一样，张桢在学习过程中形成了对儒家思想强烈的信奉。然而他的生涯起初尤为普通：十五岁时，父亲将他从私塾领回家，送他到太谷县从商作学徒。不过张桢始终渴望重拾学业。尽管被其他学徒嘲笑，他仍继续在闲暇时修习典籍，并且最终成功地说服了家人准许他重返学堂。三十岁时，他终于中了秀才，变成有功名的人。不久父亲去世，他绝食数日，直到母亲恳求他稍微啜一口水。为了办丧礼，他变卖了土地，因此之后他不得不在晋祠开了一间私塾，并以此谋生。当他绝食和卖田时，张桢正是追随经典的孝子典范中的极端，从而树立自己是真正孝子的名声。但是刘大鹏所作的张桢传则更关注另一件事：

> （张桢）事母孝，色养备至。妻杨氏不善事姑，常违母意。始犹母为妇饰，不使子知。久则见母不悦，隐劝妻善为事母，而终不能悦母意，即谋出妻。

> 母曰："可令暂归其母家，改过自新。"从之，乃母家不责女之不孝，反诟姑之不慈。

> 孝子攘臂言曰："昔者曾子以妻为母蒸藜，鲍永以妻为母

前叱狗，皆奋然出之，况此犯七出之首者乎。"

遂去其妻。人以共三年父丧之说进而亦掉臂不顾。

戊子岁科试受知于高理臣宗师，准食饩。明年己丑岁试又受知于管大宗师廷鄂，嘉奖者再，许为命中之技。是岁恩科至秋果中第三十八名举人，而孝子之名遂噪，时年四十有二。

正考官谢公隽杭抡才堂批示："大含则天经地义，细入则语挚情真，蓼莪时不忍卒读。"

副考官徐公淇批云："拈民亲二字，说来语极缠绵，笔亦沉着。余有白云亲舍之怀，读君文为之掩卷竟日。"

房考王硕甫加批云："宏深素括，风度端凝，此卷在闱主司即定为纯孝之士。及撤棘来谒，始知只身奉母垂数十年。吾服主司之眼力，尤叹生能以文副行，愿益自黾勉。更以泥金帖子上慰高堂也。"[①]

这些事过去不久张桢就过世了，临终前他含泪告诉刘大鹏，自己唯一痛心的事情是不能再照顾母亲。刘大鹏用简短的挽辞结束了他的传记，并总结了他和赤桥村民对此事的不同态度：

孝道之不明久矣，凡为子妇者，多不能事舅姑。内则曰：子甚宜其妻，父母不悦出。乃子不责妻之不善事亲，反怨父母之不慈其妻，此出妻之事所以今人不闻也。孝子因母

---

① 刘大鹏：《晋祠志》，第 654—655 页。

不悦，而出其妻。时人皆以为非，啧有烦言。洎乎孝子登科，主司皆赏其孝行，人始知出妻之是，而诽谤乃息矣。[1]

刘大鹏和张桢过往甚密，他的文章以"张孝子桢传"为题，旨在为张桢休妻的立场辩护，将他生命中的每个阶段都描写为典型的孝子，从他儿时读书时就执著于孝道到他临终前唯一记挂的就是家中老母。但是我们也看到这一强烈的正统观是需要张桢时刻为之奋争的，不管是当初父亲让他辍学，而他勇敢面对其他学徒的讥讽继续学习，还是后来他决定休妻并做好了同邻里相抗的准备。

孝不是一个容易做到的德行。几乎没什么规则可遵循，而且这些可以从经典中找到的规则也颇具争议。若妻子不顺父母，孝子则应出妻，这在《孔子家语》中可以找到，且相当直白，刘大鹏在传记后的按语中也引用了此条。根据此书，孔子指出七条出妻的理由，也有三条不准出妻的原因。七出第一条是不顺父母。其他理由例如：无子、淫、妒、有恶疾、口多言、盗窃。丈夫不能出妻的理由：有所娶无所归、与更三年丧、前贫贱后富贵。张桢的妻子其实经历了张桢父亲的三年之丧，本不应被休，但是即便知此，张桢显然认为妻子不能顺从母亲是更重要的考量。刘大鹏也认可此点，但是其他邻居都不能接受张桢的决定。批评张桢的赤桥村民并非否认孝的价值，毕竟他们也批评任何不请僧人为

---

① 刘大鹏：《晋祠志》，第 655—656 页。

父母丧礼诵经的人，因为他们认为这表明儿女缺乏孝心。但是村民对孝的阐释和张桢所理解的并不相同，直到后来，国家政权通过主考官给张桢考卷下批语的形式干预此事。这里我们看到清政府一直致力于推崇一套建立在规范和礼制义务之上的孝道。通过科举体系，政府能够在乡村这一级社会里让本不广为接受的立场合理化。但是即便国家能让更严格一派的儒家思想合法化，多数情况下，强调慈爱之重要性的乡里舆论是更有影响力的裁断者。1892 年刘大鹏所作的一篇文章提到他发现邻里观念和他坚守的儒家准则之间很难调和：

> 习俗移人，亦大矣哉。如处乡中，凡己之所言所行，与乡人无异，自无他人说。若乡人如此，而［我］（此处刘大鹏勾掉了"我"）一人独不如此，一乡之人必有谓矫情立异者。或诮其若闺闻知，或讥其沽名钓誉，或责其不识情理。此言彼论，纷纷交让，俾其人同流合污而后已。其人虽然有口，亦难以置喙。如村农野夫，固不足论，且有躬列庠序，读圣贤书，亦不审其是非，究其合理与否，惟是随声附和。咎彼一人，此何故哉。亦以习俗所围然也。若夫高见卓识之人，尊道而行，据理而言，持身涉世，不为俗围，不为习移，亦不顾乡人之毁誉。居而久之，非但不为人所化，而且可以化一乡鄙陋之俗。然此人不多见也，吾安得超群拔俗之人，开余固陋之衷，化乡中之恶俗哉。①

---

① 刘大鹏：《退想斋日记（手稿）》，光绪十八年（1892）九月十二日。

就像儒家士人一样，我们经常倾向于认为是精英的行为典范影响着底层社会，但是刘大鹏的文章暗示在某些方面情况恰恰相反。这也让我们了解到乡里社会能够给那些对广为接受的价值观别出新解的人所施加的巨大压力。刘大鹏可能努力作一个孝子，但是他目睹了那些在父母生前兄弟异爨，将父母置于间地不管不顾的例子。① 事实上，他可能更多地被乡土意见和地方习俗影响，而非劝服别人效仿自己的孝行。

尽管如此，当刘大鹏践行君子之道时，他的角色广为人知，即使他的乡邻可能并不同意某些事情的结果。当然，刘大鹏的君子风范似乎赢得了本村人的尊敬。1892 年，刘大鹏在日记中记载了刘明两度听到别人对刘大鹏的表扬。第一次，刘明在本村剃头修辫时，无意中听到一群村民说刘大鹏是"诚实平和的人"。几天后，刘明去晋祠的某个庙里，一群人在走廊下坐着闲聊。几个人起身问候他，一个人问道："这位老人家是谁？"其中一个起身问候他的人说："正是赤桥刘大鹏之父亲。"他们恭维刘明说："我们都识得刘大鹏。他为人正派，令人敬佩。"②

人们之所以敬佩刘大鹏，是因为他的行为关乎共有的价值。刘大鹏记录了某年夏天和儿子们锄草时，听周围锄草的人闲聊。他们在闲议乡邻，谈论某家如何持家或某人如何待人。让刘大鹏印象深刻的是他们的评价竟如此正确。还有一次，他描述了人们

---

① 刘大鹏：《退想斋日记》，第 16 页。

② 刘大鹏：《退想斋日记（手稿）》，光绪十八年（1892）九月十八日。

在庙会听戏，当看到忠臣蒙冤时众人嗟叹，又痛骂那个扮奸臣的戏子以至于想将他毒打一顿解气。[①] 但是尽管刘大鹏的行为关系到这类共有的价值，且受人尊敬，这并不意味着人们会效仿他。

父母在世时，孝难免成为问题重重且颇具争议的美德，因为它必须建构在人与人之间；父母过世后，它的涵义就变了。刘父过世后的那个夏天，刘大鹏和郝济卿住在李仙洲的私塾里（李曾和他们一起进京赶考）。刘大鹏梦到母亲过世时留下的物件，不禁抽泣起来，吵醒了朋友们。第二天，他一一想到梦中场景，又禁不住潸然泪下。[②] 然而随着时光的流逝，他梦中的父母开始改变。刘父去世后几年：

> 夜梦先父，仍旧经营事也宛如平，而与先父缔交之友朋亦多晤面。与言之皆默不答，先父见予至止，即行他出，亦不询予一事。予急欲禀请事件而亦无由。惟是向人急询父往何处。正踌躇间，晨鸡一唱。不禁哀泣。[③]

此处，我们看到了一种如遭遗弃的噩梦般的感觉，这正是刘大鹏强烈情感化的孝心所致，也贯穿其一生。然而，我们可以通过他差不多同时的另一个梦了解到他孝心的新面相：

> 昨夜梦中见父命人派药施拾济人。系用珠玉等物研之为

---

① 刘大鹏：《退想斋日记（手稿）》，光绪十八年（1892）六月初六日，光绪十八年（1892）六月十九日。

② 同上书，光绪三十四年（1908）五月二十三日。

③ 同上书，民国四年（1915）六月初十日。

散药，资数十缗钱。此先严之素行也。先父先母在世之日，力行善事，惟日不足。至老而善念并坚，所以年皆高大无疾而终也。迄今思之，善言善行俨然在目，而我袁□之念迫切于中矣。[1]

在梦里，我们看到刘大鹏的孝心变成行善的理由。正如他在别处所言，他父母受人尊敬是因为他们乐善好施，因此孝心也要求他仁爱宽厚。他仍旧可以批评自己并不如父母做得好，但是如今他可自由决定自己价值观的内涵。[2] 换句话说，孝顺可以用来合理解释自己的希望。父母死后，孝顺对刘大鹏而言依旧是一个激励、启发的典范，但是原有的复杂性不复存在。

但是，用以彰显刘大鹏君子之道的孝道也让其他家人付出代价。家人情感关系的浓厚也意味着刘大鹏的儿子几乎无法抗拒对成功的渴望所带来的巨大压力，而这缘自刘大鹏自身的失败感。我们在1892年的日记首次读到刘大鹏的两个较大的儿子刘玠和刘瑄，那时他们和父亲及父亲的好友胡瀛到晋祠附近的庙里游玩。他们登上七层佛塔后到了塔顶，凭栏而望，眼前是晋河、汾河流经的绿色平原，傍晚时分金色夕阳洒在了更远处的山丘上。胡瀛提议他们借美景咏诗，他们让胡瀛起头，刘大鹏来承其韵。胡瀛以即将消逝的夕阳之美起首，然而是刘瑄而非刘大鹏添上了

---

① 刘大鹏：《退想斋日记（手稿）》，民国四年（1915）四月二十二日。

② 同上书，民国三年（1914）正月初三日，民国三年（1914）正月初十日。

绝句的末句。① 刘大鹏一定为刘珄感到高兴，因此他详细地记录了这一场景。刘珄被视作一个聪慧且讨人喜欢的孩子。

不像他在赤桥读书的兄长刘玠，刘珄在南席随父读书。当刘大鹏 1901 年颈部感染，也正是刘珄在身边照料他。同时，像父亲和兄长一样，刘珄也在备考。刘大鹏意识到自己无望得到中举所必需的技能后，转而开始为儿子的科举考试投入精力。他请了一位先生专门传授他们八股文的章法，即使他自己很鄙视这些技巧。这位先生擅长写以孝为主题的文章，当他论及此时，他的学生们非常景仰地看着他，但是刘大鹏对此却很不齿，在他看来这位先生只将此视作通过考试所需掌握的言辞，而非日常生活的典范。受质疑时，这位先生会辩解说只有古代圣贤才能像他描述的那样为人处世。在京师，刘大鹏认识到了书法的重要性，因此他也让儿子们练习书法，最后刘玠的书法比他父亲的要好很多。刘大鹏也帮助他们获得现代教育，虽然和八股、书法相比，这才是他最痛恨的。他在日记中用带着赞许的笔调提到，当省书院变成西式大学堂时，省里颇有名望的几位先生辞职了，因为他们并没有准备和外国的蛮夷一起教学。但是当刘大鹏听说，这所新的大学堂提供奖学金时，他立刻让刘珄前去参加入学考试。当刘大鹏意识到自己无望入仕，他开始不惜代价地给儿子们施加更多压力

---

① 刘大鹏：《退想斋日记（手稿）》，光绪十八年（1892）七月初四日。

促其成功。①

刘珇成为生员，并在 1903 年到陕西参加乡试（由于义和团的影响，那年乡试在陕西举行）。刘珇的兄长刘玠前一年刚通过乡试，但是刘珇未能中举。刘珇已在十几岁时订婚，1907 年他的妻子产下一子，名茂龄，这是刘大鹏的第一个孙子。然而婴儿病了整个冬天，八个月时就夭亡了。儿子夭折后，刘珇自己也病倒了，不过他得以康复，并且能够与返回南席坐馆的刘大鹏书信交流。但是到 1910 年时，他患了严重的精神病，再也没能康复。刘大鹏描述刘珇的状况，言称此病让刘珇久病呆癫，除了吃喝凡事皆不可为。家人认为这是一种病，但是他们也说这病肇因于他没有通过乡试。刘珇一直活到 1950 年代，人们记得他在村里游逛，背后拖着又脏又长的辫子，讲话语无伦次，每天都在父亲的院墙上和地上写字。他们说，尽管人已经疯了，但是还能看出他是读书人家的子弟。② 当然，这是对作为读书人的父亲的一生令人生怖的拙劣模拟：在村中闲逛，吟诗颂词，和邻里聊天，不停地写字。刘大鹏自己的说法"只知吃喝"强调了这一点，因为当

---

① 刘大鹏：《退想斋日记》，第 111、115 页；刘大鹏：《退想斋日记（手稿）》，光绪十八年（1892）九月二十一日；2002 年 8 月 7 日对刘佐卿的访问；罗志田：《清季科举制》。

② 刘大鹏：《退想斋日记》，第 79、182 页；刘大鹏：《退想斋日记（手稿）》，光绪三十四年（1908）三月初八日，光绪三十四年（1908）五月初七日，民国四年（1915）七月十一日；1999 年 8 月 3 日对郑湘林的访谈；1999 年 8 月 6 日、2002 年 8 月 7 日对刘佐卿的访问。参阅 Messner（史安梅），"Emotions in Late Imperial Chinese Medical Discourse"。

刘大鹏贬低自己是不孝子时，他脑海中总是觉得自己只知道吃喝而没能为家庭做出什么贡献。刘瑄是失败的，他没能中举，儿子夭亡，最后疯癫一生，成了不能报答父亲的慈爱的不孝子的典型。

至少起初，老大刘玠成功了。当他通过乡试时，整个赤桥都沸腾了：人们来刘家贺喜，县官派来乐师在门前为他们演奏。之后，村民为刘家送来一块挂在门上的匾额，上书"父子登科"。第二年，刘玠将要和父亲一道去开封参加会试，因为北京的贡院在义和团闹事时为外国军队所毁。考试增加了新的"策论"，希望考生们能讨论近来影响国运的大事，因此书店满是与时务相关的书籍，所有的考生都在购买这些书。1904年，刘大鹏已经放弃了自己高中进士的希望，因此让刘玠独自去应试。那年，考生要做的题目是学校是否应以培养公民、训练官员、发展工业为目标。另一些问题则是关于如何综合运用土地、资本和劳动，泰西诸国的外交政策，日本和埃及雇佣洋人专家政策之比较，美国的排华政策。和父亲相比，刘玠对这些时务问题准备得好不到哪去，因此也未能考中。此后，刘大鹏为他儿子找到他自己从没想过的营生：他让刘玠以举人的身份到口岸城市天津去候补官位。①

刘玠在天津至少待了两年。他经常给父亲写信，报告自己谋职的进展和在天津报刊上读到的新闻。1907年的天津和山西是不

---

① 刘大鹏：《退想斋日记》，第115—116、118—119、121、134页；刘大鹏：《退想斋日记（手稿）》，光绪三十四年（1908）二月初七日。

同的两个世界。天津是一座口岸城市，市区许多地方是租界。刘玠肯定见识到了外国势力的影响：巨大的石质西洋建筑、玻璃橱窗的百货商店、电报线，铺就的街道上除了旧式的四轮车和轿子挤满电车和黄包车，身穿奇装异服的洋人居行其间，假如他远足郊外，他会发现雇佣了成百工人的工厂。天津不仅是外国势力的中心，也是政府现代改革者的基地。刘玠到天津时，后来的民国总统袁世凯正担任直隶总督。一条新铁路线正在铺建，车站附近是新式的工厂、学校、城市公园、图书馆和铸币厂。整套新式的政府机构被建立起来：刘玠在新式法庭（之前狱讼案件由县官审理）和蒙古研究院（这体现清朝试图联系边疆的一部分努力）寻找职位，他看到一些新成立的禁烟局。[①] 在山西，刘玠很可能已经听说或者见到一些新式小学堂，但是在天津，他才真切地意识到政府新政的真正影响。

　　天津也充满了新观念，这座城市曾经是推行新教育的中心。[②]如今看来，这些新观念的核心是对过度强调孝顺和忠君这些等级观念的批评。与之相反，学堂传授了西方自由平等的新观念，而很多教科书则是由支持革命观念的人所纂。的确，自从第一个西式学堂建立以来，里边的学生就被视作无父无君。几年之前，刘

————————

　　① 刘大鹏：《退想斋日记（手稿）》，光绪三十四年（1908）二月二十三日，光绪三十四年（1908）三月二十八日，光绪三十四年（1908）七月十五日；Hershatter（贺萧），*The Workers of Tianjin*，pp. 20-24，29-31；Mackinnon（麦金农），*Power and Politics*，pp. 152-155。

　　② Mackinnon（麦金农），pp. 145-149.

大鹏访问富有的常家时，已经听说一个骇人的故事，讲的是一位京官将儿子送到国外留学，儿子回国后几天办了一个宴会，当父亲问他邀请了什么宾客时，儿子跪倒在地，说只有父亲答应他的要求他才起身，父亲问他什么要求，儿子回答，"今日所请者，即父自此以后愿不为父子，成为同等"。① 对刘大鹏来说，这不仅是对父母和儿女之间天然感情的背弃，也是对国家整体的道德秩序的颠覆，在他看来国家道德秩序是建构在自然关系基础上的。正如他所说，"果如是也，纲常之道势必大坏，天下从此大乱矣"。② 几年后，他听说一个类似的故事，只是故事里的年轻人甚至没有出洋留学，而是仅仅在太原的新学堂里读过书。③ 这些故事很可能不是真实的，但是它们道出了一个在新学堂里实际发生的变化，即忠和孝之间的纽带正毁于西方舶来的、借民族主义之名兴起的新观念。

在天津候职的刘玠一定遇到过一些新学堂的学生，读过报纸，看到政府发生的种种变化。那时刘玠三十多岁，可能稍长于刘大鹏听说的那个因为在太原求学而孝心动摇的年轻人，但是天津和太原相比当然更为新异。的确，正改变着太原、使之迥异于村庄的现代城市文化根源于天津和其他一些口岸城市。刘玠也受到了某些新观念的影响。他的二女儿喜鸾于 1900 年出生，她没

---

① 刘大鹏：《退想斋日记》，第 138 页。
② 同上。
③ 同上书，第 153 页。

有被送到学堂或者读书识字，但她是家里第一个没有缠足的女孩。这决定很可能是刘玠在天津时作出的，因为缠足大概在六七岁时开始。这让她成为山西第一代未缠足的女性，在 1906 年之前天足女性基本上全部是丫鬟和改宗的新教徒。刘玠并没能谋得一官半职，辛亥革命最终打碎了他的梦想。他回到山西后，在县里高小找到一个教职。几年后，他觅得代县的女子师范学校里一个稍好些的职位，代县是一个现代教育中心，地处山西中部平原另一侧的山里。[①]

刘玠显然对父亲隐瞒了很多他的生活，因此我们不可能知道刘玠从充满新观念的天津回到山西过乡村生活后的感受，但是可以肯定的是这一过渡绝非易事。20 世纪的前二十年中，知识分子对儒家道德——尤其对居其核心的孝道攻击愈演愈烈。立志改变中国社会的现代化支持者斥孝道为封建余孽。尽管现代化者植根于东部沿海的口岸城市，然而刘玠教书的女子学校所在地也建有很多新式学校，因此刘玠几乎不可能不了解这些新观念。但是在赤桥及附近的村庄，家庭结构改变很小，而与此同时日益现代化的国家却逐渐不再像清朝那么支持儒家伦理。因此，国家不再强调礼仪，这些义务曾用来平衡强调孝道感情内涵的趋势。这一变化的结果是村庄中对孝道情感表达的要求得到提高，即便此时在

---

① 刘大鹏：《退想斋日记》，第 182 页；刘大鹏：《退想斋日记（手稿）》，民国十五年（1926）正月三十日；《美国布道会山西传道区，1900—1909》；I. J. Atwood, Open Letter, Fen Cho Fu, 1906 年 8 月 3 日；郝寿身、石永泉、郝秀：《太原县一高小及其创办者》；《北华捷报》1921 年 4 月，第 299 页；1999 年 8 月 6 日对刘佐卿的访谈。

东南沿海大城市中整个儒家道德体系正遭受攻击。因此，即便儒家道德体系同国家分离并被斥为封建，这一道德体系逐渐和农村联系起来。现代化者着力建立一个更平等化的政治体系，男女都能和民族国家直接联系，而非通过家庭和皇权的中介；但是这样的行为有可能将农村家庭发展成为远离国家的避难所，甚至成为一个抗拒国家权力的地方。对刘玠来说，他理解了新观念，但是他的家庭仍为一位彻底坚持儒家道德的父亲所控制，孝道的情感要求一定存有深刻的问题。

刘大鹏依旧疼爱自己的大儿子，当刘玠从代县返家小住时，刘大鹏非常欣喜，并记在日记里。刘玠一定成功地在父亲面前保持孝行，但是那个表现仅仅是为了哄父亲高兴而已。事实上，离开太原远到代县对刘玠而言当是个解脱。刘大鹏知道刘玠酗酒，但是毕竟自己也喜欢小酌。但是每天吸两包香烟的刘玠却从未敢在父亲面前吸烟。晚年，刘玠开始抽鸦片，家人都知道，但是唯独刘大鹏从未知晓。刘玠死于 1928 年。家人用精致的寿衣和昂贵的棺椁厚葬他，那棺材本是刘大鹏为自己准备的。几天后，刘玠的妻子吞鸦片自杀，留下他们两岁的儿子佐卿给祖父母照应。和刘大鹏的其他媳妇一样，大儿媳来自一个富裕的家庭，觉得赤桥生活艰辛。没有刘玠的照顾，她一定觉得自己的生活无以为继。刘大鹏将她的死理解成妻子对丈夫的忠贞，然而其他村民则批评刘家，她娘家一怒之下断绝了与刘家的所有关系。① 刘玠多

---

① 刘大鹏：《退想斋日记（手稿）》，民国十四年（1925）十一月十五日；1999年 8 月 6 日，1999 年 9 月 6 日，2002 年 8 月 7 日对刘佐卿的访问。

数时间不在家，他已尽力在父亲面前践行孝道，但是在表面的孝顺之下则是掩藏不住的忧惧寡欢。刘大鹏所追求的儒家家庭关系所体现的挚爱亲情本来就不是容易做到的，这同年轻人吸收的新观念激烈碰撞之后变得尤其复杂。刘珰和刘玠都以某种方式逃离了，而他们逃离的方式无不凸显了这一体制的情感约束力以及毁灭的力量。

当刘大鹏约束自己践行所学之价值，他首先约束自己奉行孝道。他的孝道不仅建构在所学的经典之上，也建构在强调父母子女间强烈的感情投入这一种对经典的阐释之上。这意味着刘大鹏和他父母的关系主导了他和其他家庭成员之间的关系。同时这也使情感的投入和父母的期望紧密联系了起来，而刘大鹏和他两个大一些的儿子对此都感到颇难措置。尽管践行儒家君子之道代价不菲，但是这也是有回报的。其他村民虽然不效仿刘大鹏，甚至反对他的价值观，但是他们尊敬他的举止行为，在现代化的国家政权宣布他所受的传统教育已成过眼云烟的时候，正是这种尊敬给他提供了存活的机会。

第四章　议士

1901 年秋天，刘大鹏梦到自己中了进士，得以觐见皇帝。

> 同僚默尔无言，已独挺身敷奏，当时弊如捐纳宜停，税敛宜博，贤才宜举，奸佞宜除，学校宜修，农桑宜重，民心宜固，国本宜培等条。陈且上中兴策，拨乱章。大意在得贤良以固民志，用将帅以扼便将，逐洋夷、拚外夷，化教民为良民。侃侃而奏，声震殿阶。君上倾耳俯听。不以新近为嫌，天颜且喜，已含嘉赏意。独有二相待侧，怒目睨视。余不禁勃然，即指二相为蠹国害民之贼。亦不知为何名，惟祈天诛以快天下之心而已。①

这毕竟是他多年求学、孜孜以求的梦想：经世致用。这看似如此不现实的事情却如此地容易理解。然而，相对于金榜题名而言，刘大鹏梦到的那些他提出的极其保守的建言所受到的礼遇则显

---

① 刘大鹏：《退想斋日记（手稿）》，光绪二十七年（1901）七月二十五日。

得更像是梦境，因为朝廷的保守派已被推翻，而维新派正如日中天。

守旧势力崩溃的原因是灾难性的义和团运动，拳民也直接影响到刘大鹏在赤桥的生活。1900 年，守旧派最终成功地说服了朝廷对外国宣战。新上任的山西巡抚也是守旧派，他资助了正在组建中的村级团练，并且下令抓捕所有省内的洋人。华人基督徒也被视为敌人，因为他们信奉了异教，被人们认为是私通外国。参与团练（英文世界里则记作拳民）的人们也通常会被灵魂附体的神异观念所鼓舞，这在往常是和基督教一般的异教。此外，这是极其暴力的一伙人。有一个壮汉平日靠从山里用手推车运煤下山为生，在他的领导下，一群人在赤桥附近的村庄组织起来。他们的首次行动是谋害了村里的屠夫，只因他是个天主教徒。此后，拳民开始在晋祠的庙里训练，在那里刘大鹏目睹他们先向神灵祷告而后进入一种精神恍惚的状态，手持大刀长矛乱舞。当人们询问他们在做什么的时候，他们答道，上天发怒了，因此派他们作为天兵下凡。刘大鹏认为，这都是怪异的事情。之后，刘大鹏站在家门口看着拳民队伍从晋祠出发去攻击附近村落的天主教徒团体。在刘大鹏熟识的一个村庄，拳民杀掉了上百人，焚毁房屋及教堂。拳民是陌生的、暴力的，通常毫无纪律可言，但是在刘大鹏和大部分邻居看来，拳民也是官府支持用以帮助抵抗外国侵略的团体，而天主教正是外国侵略势力的先锋。其他与刘大鹏具有类似教育背景和观念的人甚至参与组织拳民运动：一位在南席作私塾先生的举人就在本村组织拳民。为报复中国人对外国人和基督徒的暴力，列强派军队洗劫了北京城，随后索要巨额赔款，并且要求清政府采取一系列旨在惩罚拳民支持者的措施。一些高官被斩首，也有很多被罢黜。战争对朝廷守旧势力是一场灾难，自1901 年开始，忠于政治改革和现代化观念的人有效地控制了政府。支持现代化的人们第一步是要将 1900 年的政策逆转：拳民——尤其是他们的领导者——被惩处，而基督教徒得到了他们损失的补偿。为了交赔款，国家不得不征新税，一部分款项则分给了基督教众。①

刘大鹏和其他很多人都惊恐万分。人们热切地讲述着别的地方百姓抵抗新政的故事。刘大鹏听说太行山区的人们曾揭竿而起，攻击那些威逼地方官勒索赔款的洋鬼子。正如刘大鹏所说，"虽系谣言，亦在人意计中矣"。② 在此之后，刘大鹏在邸报读到有关起义的内容（由书局誊录出版政府新近颁行的谕令，在各省流传）。刘大鹏在日记中收录了自己所看的谕旨，并评论道：

> 夫民变皆起于此洋人、教民虐待百姓，官不能庇。而百姓抗违洋教官，即指为乱民，用兵剿之，民心不服，遂有杀官、杀兵之举，谅非一处已也。恐各直省皆为变民耳。民有依则安，民无依则变，其势然，其理然。现在赔款甚巨，民

---

① 刘大鹏：《退想斋日记》，第 156—157 页；刘大鹏：《晋祠志》，第 1048—1049 页；刘大鹏：《潜园琐记》，第 27—28、35、38、47 页；石荣昌：《庚子感事诗》；故宫博物院明清档案部编：《义和团档案史料》，第 181、563 页；《太谷县志》（1993），第 631 页；《太原市南郊区志》，第 956 页。刘大鹏曾为王郭的张资深坐馆，与其熟识。

② 刘大鹏：《退想斋日记》，见《近代史资料·义和团资料》，第 817 页。

不聊生。加之教民横行乡里，鱼肉小民，官尤袒教而虐民，岂能已于变乎。①

此后的一段时间，日记中出现了大量关于这次起义的讨论，反映出来的主要情绪是对政府的愤怒。②

人们之所以愤怒是因为他们饱受增税之苦，但是也因政府放弃了固有的原则，人们感到政府背叛了他们。观察京城政治形势的人可能在多年前就察觉到政府正在背离传统的儒家价值。事实上，在进京赶考的 1895 年和 1898 年，刘大鹏也察觉到任用官员已开始强调新知。但是对于大多数山西村民来说，国家一直都与儒家正统保持一致，他们也希望按照儒家正统被奖惩：孝子贞妇被表彰，忤逆父亲的儿子被法律惩罚。像基督教这样的异教平时可以默许，只要他们不制造事端，但是一旦犯事则一定会遭镇压。像很多人一样，刘大鹏也认为拳民是"好人"，也是遵纪守法的臣民，基督徒则是和侵略军勾结的异教徒。当看到基督徒被奖励而拳民被惩罚时，刘大鹏感到自己也遭到了背叛。

当政府为推进和儒家价值相背离的新政而大举征税时，人们愈发感觉到国家正在抛弃奠定其存在正当性的原则，而这让人们更加疑惑不解。新政始自科举考试同儒家经典的进一步疏远，以便——正如刘大鹏所言——国家选择精通西学的而非习孔孟之道的人来为官治国。随后的 1905 年，科举制度本身也遭废除。几

---

① 刘大鹏：《退想斋日记》，见《义和团资料》，第 818 页。

② 同上书，第 819 页。

天后，刘大鹏一觉醒来，感觉"万念俱灰"，因为他意识到入仕的希望至此已全部破灭。太阳升起后，他走到村里的街上，遇到的每个人都在讨论废科举的事情。他告诉他们，对国家而言，这将成为多么大的一场灾难，尤其是没人知道新式学堂毕业的学生究竟如何。他们一起猜测未来几年将会发生什么别的变化。[①] 人们意识到废科举将改变社会流动的管道，而其他很多变化也必将随之而来。他们也知道像刘家那样已经在教育上投入很多的家庭将遭受最大的打击。

刘大鹏和他的很多朋友都丧失了入仕的希望，但是他们面临的迫在眉睫的问题是：随着科举的废除，教育已经转型，他们中的很多人都失去了当私塾先生的工作。刘大鹏不喜欢教书，但是这也是体面的工作，能带来舒适的生活条件和还不错的薪水。一些富人家早已辞退了教书先生：刘大鹏的朋友郝济卿 1902 年失业，那时他的东家决定让儿子转习西学。随着科举的废除，村民们也意识到教育已经失去了原有的价值：1906 年，赤桥南边的大片地区的村子都关闭了村塾。即便有些村里没有将村塾关闭，父母也会把聪明的学生领走，因为他们相信此时读书还不如去从商做学徒。[②] 无论是何种情况，很多塾师都在凭着微薄的收入挣扎，而他们转投其他工作的机会也少得可怜。通常，他们仅有的出路就是回家务农。从刘大鹏对屈玉文十分形象的描述中，我们可以

---

① 刘大鹏：《退想斋日记》，第 102、146 页；参阅赵天，第 29 页。

② 刘大鹏：《退想斋日记》，第 137—138、151—152、162 页。

感觉到个人所遭受的巨大不幸，屈玉文曾是一个秀才，在馆地上又维持了几年，到了1913年也遭遇失业的危险：

> 屈生玉文，本邑老秀才，穷困无聊，凭藉舌耕度日，岁脩仅得二三十千钱，捉襟见肘，纳履踵决，专来寻我日：近日教育科员令其本月二十二日到县考试，若不合格即不准设帐授徒，势必生路告绝，请予庇护，声泪俱下。予已应承为之调停。嗟乎！新政害人可谓甚矣。①

在科举废除后的一些年，刘大鹏虽然还有自己的工作，但是他的学生失去了学习的兴趣，而他的教职也更加不稳定。

刘大鹏不喜欢教育制度的改革，不仅仅是因为它们摧毁了他的前途，导致他的很多朋友失业，而且也是因为新教育否定了他的价值观。他痛恨学校讨论时务："全在富强而伦常至理并置不言。凡所措置者一意嘉国害民，无非用夷而变夏。可慨也已。"②他意识到了问题的核心：政府的目标已经从维护儒家社会转移到动员社会财富以便国家能应对国际上的竞争。③ 这对刘大鹏以及诸多他的同代人而言是一件骇人听闻的事情，意识到这一点非常重要。刘大鹏总是认为普通人受名利驱动，而国家的论调则反对那种趋名逐利的倾向，官员们应该为官刚正，替百姓谋福祉。刘

---

① 刘大鹏：《退想斋日记》，第177页。

② 刘大鹏：《退想斋日记（手稿）》，光绪三十四年（1908）三月二十七日。

③ 彭慕兰：《腹地的构建》。彭将此变革追溯到19世纪50年代。

大鹏读书时知道，"天下之大患莫甚于舍仁义而讲财利"。①

　　将算学列入小学必修课正是这一变化的标志，因为它似乎主要关乎计算商业利润和损失的问题。正如刘大鹏所说："今之为师者，以算学教人，以洋人之学为训，其得善人能多焉？否耶？洋人之学专讲利，与吾学大背，趋之若鹜，不知其非，亦良可慨也已。"② 在小学中学到的主要技能依旧是读和写。不过差异在于，学生不再通过背诵儒家经典来学习，而是要去诵记沪上出版的教科书，里面大多宣扬时下的新观念。学到的技能大概差不多，但是教育的义理被彻底改变了。毫无疑问，很多人在批评变化，尽管他们不像刘大鹏这样善于用言辞表达，但是他们能看到这些新式教育培养出来的人不再和他们具有同样的观念和态度。当刘大鹏去太谷时，那里的每个人都在讨论某个年轻人，在上海的英语学校学习了三年后，已被授予新式的学位，他的穿着完全是洋装。"人皆目为洋夷，宗族亦待为异类。"③

　　新教育需要的资源投入显著增加。多数村庄能支持旧式私塾教育，因为它仅仅需要一间教室和一位先生。孩子们自己带着板凳，他们的课本也都是沿用了几个世纪的书，且价廉易得。新式的学校则支出浩繁，为了维持新学校的开支，税收不得不增加。④某些情况下，为了兴办新式学堂，人们需新建西式建筑。知晓一

---

① 刘大鹏：《退想斋日记（手稿）》，光绪二十七年（1901）八月初二日。

② 刘大鹏：《退想斋日记》，第 144 页。

③ 同上书，第 149 页。

④ 同上书，第 128 页。

些西学的老师被延揽到此，由于这些老师紧缺，付给老师的薪水远远高于屈玉文这样的先生所得的微薄收入。教科书是从上海购进的，学生们每年都需要新书。理论上讲，一所好学校需要给学生配备学习自然科学必需的设备，这要求昂贵的进口设备。考虑到昂贵的投入，山西最早的西式学校皆由富户设立就不足为奇了。在南席附近的车辋村，当地巨富常家在1903年建立起第一所新式小学堂，1905年建立起第一所女学堂。刘大鹏也参观了另一所由开票号的乔家设立的学校。尤其因其强调体育课（仅是孩童之游戏）而让他感到困惑，他也对不甚严肃的教师感到失望。但是乔家也意识到即使有新式的学校，西式教育也无法在村里获得。过去，除了家塾，乔家曾禁止族里的子弟去别处求学，现在却把子弟送到太谷的美国传教士开办的教会学校，甚至后来远赴天津。常家也送了几个儿子到日本。现代教育提供了新的社会流动方式，但是不同于旧式教育的是它需要更多的资源，即使最富有的山西商人都不能为本村提供。事实上，将孩子们送到天津和日本的富户们暗示了山西根本提供不了一个成功的现代教育。①

　　对大多数的村子来说，即使要建立一所小学也是极其昂贵的事情。刘大鹏报告说，一个镇已经花了两千两银子的巨款建立现代学校，人们极其厌恶此举，因为办学的钱来自全镇居民的摊派，同时造成当地六七名老师的失业。几年后，刘大鹏一定也参

---

① 刘大鹏：《退想斋日记》，第145、162页；《晋中地区志》，第782页；胡育先、武殿琦；张正明：《晋商兴衰史》，第232页。

加了省咨议局关于新学校经费的辩论。提交咨议局的议案旨在大幅减少新学堂的成本。学校开支将被限制在每年 110 元，外加教科书的花费和老师的薪水。学校将仅需一间带黑板的教室和长凳，以及供给老师起居之处。学校将仅有一套教材，所有教务都由一位老师承担。从记录的最后决定可以非常清楚地看到，咨议局议员们认为所有这些想法几乎都是可望而不可即的。他们指出，建造一所学校要花费将近一千两银子，而且很多学校都在教师之外聘请了经理。刘大鹏自己更批评这种将学校办得洋里洋气的做法，因为这样要将很多钱都花在装修上面。当然，便宜的学校也被建立起来：太原县仅筹措了四十两税银就建了一所新学校。在晋祠，新学校由庙宇改建，此地之前一向被地方的儒生们使用。学校运作由来自本地区水磨坊的税收支持，但是这并不能提供足够的资金保障，因此学校也不得不向学生收费。结果导致学校不受欢迎，且在经费方面无休止地捉襟见肘。学校也没有为学生提供特别现代的教育：刘大鹏 1913 年曾受雇于该校，教授国文和伦理，他坚持用传统的方式授课。结果，六个月后他辞职了，因为学校一直欠薪。像这样提供廉价现代教育的学校，资源匮乏就意味着它们无法和省级政府资助的学校相竞争，而后者几乎全都坐落在城市。①

---

① 刘大鹏：《退想斋日记》，第 140、159—60、180、186、614 页；《太原市南郊区志》，第 430 页；罗志田：《科举制的废除》；山西省咨议局第一届常年会议决案，副部 1，第 14—16 页，议副，第 7 页；也见刘大鹏：《退想斋日记（手稿）》，民国十四年（1925）九月二十三。刘大鹏参加省咨议局时期的日记散佚了。

和旧式学堂相比，新学堂的普及率更低。1908 年，太原县有将近 8000 个学龄儿童（7—15 岁）。据说其中有 1359 个在私塾读书，132 个在新学堂，仅仅 20 个人就读于县里新的高等学堂。接下来的几年里，就读新式学校的人数逐年上升，但即便如此，教育——尤其是初级阶段之上的教育——仍旧是少数人的特权。事实上，和书院相比，新式高等小学在贫寒子弟中的普及率更低，因为县政府曾经给参加书院的学生以廪食，而新式学堂不但不给廪食反而要收费。在赤桥，从高等小学毕业的男孩寥寥无几，以至于一位 1920 年代出生的人回忆到，他之所以能被任命为村里的会计是因为自己是村里唯一的高等小学毕业生。这并不完全属实：刘家的老四刘珽和老五刘鸿卿，以及刘大鹏至少两个孙子都从晋祠高等小学毕业，事实上刘珽还曾在省城的中学读书。即便如此，这位老人的回忆传递了赤桥人的一种观感，在新制度里成功是何其困难！刘鸿卿可能也想去中学读书，但是家里却负担不起。一些传统的私塾继续存在，但是他们提供的教育很快被看作不入流且缺乏前途。大部分村庄无力为学生兴建学校以便他们能同全省竞争，同时接受初等以上教育所带来的家庭支出飞速增长。诸此种种都反映了资源转移的开始，尤其是机遇从农村向城市的转移，而与之相随的是政府对儒家意识形态的舍弃。[1]

———————

① 刘大鹏：《退想斋日记》，第 228 页；石永泉，第 6 页；《北华捷报》1926 年 3 月 20 日，第 516 页；罗志田：《清季科举改革》；1999 年 8 月 6 日对刘佐卿的访问；1997 年 9 月 11 日对赤桥村民的访问。

中央政府也致力于奖励工商，但几乎没给晋中地区的村镇带来益处。镇里商会纷纷建立起来，但是新政给地方商业最主要的影响却是加税所造成的损害。当刘大鹏在报纸上读到在北京新建的商品展览馆被烧毁时，他将此解释成上天对新政的警诫。人们将省政府零星的旨在推广工业的政策视为威胁。刘大鹏尤其反对保晋矿务公司的成立。成立保晋矿务公司是为了回应学生们在省城领导的旨在反对将煤矿开采权卖给受英人所控财团的抗议。但民族主义的情绪并不足以让新公司吸引投资者，故而最终通过向每个县摊派一些股票以凑齐资本。太原县不得不承担一万五千两，这是一笔很大的开支。这个新设的公司似乎根本不可能产生利润来回报它的巨额投资，因此这个举措遭到极大的痛恨。进而，公司的煤矿将不可避免地与既存的煤矿发生竞争。在现实中，对刘大鹏而言，新政大部分都是政府的横征暴敛，并且通过投资铁路矿山而自肥。当然，政府的开支也会带来益处，但是整体上说，这些都为城市而非农村所享有，因为新的机关、政府兴办的学校、展览馆以及偶尔兴建的工厂位于城市而非农村。①

在山西，政府资助的现代化在其最初阶段花费甚大却收效甚微，而且它与征收庚子赔款同时进行。因此不可避免的结果是，新政给人们的第一感觉成了税赋加重。在刘大鹏的梦中，他给皇帝的第一个建议正是减税。此前，刘大鹏很少关心税收问题，可

---

① 刘大鹏：《退想斋日记》，第117、161、173页；刘大鹏：《退想斋日记（手稿）》，光绪三十四年（1908）三月十五日。

能因为他家交税并不多。刘明曾用他和刘大鹏积攒的钱置办了一些产业，因此刘家如今拥有店铺租金和耕田收入，但是刘大鹏身有功名，能享有大部分由土地税构成的额外费用附加的折免。刘明的生木店也可能偶尔承担来自县政府的捐税，或者也会交一些厘金，但是刘大鹏教书的收入是根本不被课税的。到 1901 年，旧税收加重了，而且又添了新的税种。新征收的土地附加税可能影响到刘家，但是似乎远不如通货膨胀的速度快，而通货膨胀也影响到谷价。刘大鹏主要关心的是厘金，这让日常消费品价格大大不同。刘大鹏谴责新的酒税，因为这实际上导致了当地几家酒厂的倒闭，而县政府又向卖酒的店铺征税以弥补酒家破产造成的亏空。当针对山间运煤的牲畜征收的新税开征时，冬天的取暖费（以及赤桥的造纸业所需的燃料费）上涨了。村民还得为每户所拥有的房屋依数纳税。官府将抗税的人拘系痛打，导致衙门里哀嚎之声不绝于耳，刘大鹏常为此抱怨。庚子赔款在各地有细致的分摊，专为惩处曾经对洋人和基督徒施暴的山西中部诸县。赔款征税持续多年，但在起义过后的几年里尤为严重。再加上要应付政府新政所需的开支，不可避免导致怨声载道。①

　　政府旨在推行现代化的新政极不受欢迎，但这一令人不快的事实可能被当权者忽略，因为到 20 世纪前十年的末期，清政府已彻底地放弃了自己儒家的过去，以至于满朝上下几乎找不到可以用以批评这些政策的言语了。试图批评改革的官员轻易就被贴

---

① 刘大鹏：《退想斋日记》，第 103、105、111、116 页。

上"顽固派"或者更普遍的是"反动派"的标签。① 根据刘大鹏的说法，"新政之不善，人皆不敢言，间有言之者，辄指为顽固党，重则加之以罪，屏弃不用，轻则被人指摘唾骂"。② 刘大鹏把自己看作荒原里孤独的呐喊者。辛亥革命之后，他写道："予于时事大不相宜。人皆维新，我独守旧。人皆破坏纲常，我独维持伦理。人皆争求仕宦，我独甘为遗逸，此所以与世相违，踽踽独行也。"③ 然而，这段话却出现在一则记载了抗税起义的谣言的日记中。从刘大鹏对地方谣言的记述来看，尽管刘大鹏视为同辈的潜在官员可能会支持改革，但事实上，很多人也和他一样反对新建的政府机构。人们抱怨着、谈论着发生在其他地方的苛税：广东的青楼税、广西的赌博税。1906 年是兴建新学校的高潮，刘大鹏记录了东山发生的抗税事件，据说当政府用警力强行收税时，数千百姓攻向府衙，烧毁了为人厌恶的新学校。人们议论此事的热情表明众人都有同感。④ 对他们来说不幸的是，对新政的抗拒削弱了政府，形势反而变得对主张现代化者中最激进的一派有利，这些激进派早已开始谋划推翻清朝，建立民国。

最终发生的革命看起来更像是一场军事政变，而非民众起义。与其他省份一样，山西已开始训练新军，军官都曾在日本接受军

---

① 刘大鹏：《退想斋日记》，第 126、143 页；罗志田：《科举制的废除》。

② 刘大鹏：《退想斋日记》，第 128 页。

③ 刘大鹏：《退想斋日记（手稿）》，民国四年（1915）四月二十六日。

④ 刘大鹏：《退想斋日记》，第 118、153 页。参阅 Prazniak（普拉兹尼亚克），*Of Camel Kings and Other Things*。

事训练。到 1911 年，山西有两个混成旅，分别由阎锡山和黄国梁率领，他们两位都服膺于激进现代化的必要。阎锡山和其他一些军官也参加了秘密的革命党。是年秋天，传来消息：武昌发生了一场大规模的哗变，随后各省纷纷废除巡抚，宣布独立。山西巡抚已成惊弓之鸟，下令黄国梁进驻山西南部。黄国梁出发不久后就原地不动，与此同时，阎锡山同其他革命党人率兵先是占领了巡抚衙门，在那里他们杀死了巡抚及其家人，之后在遭遇了些许抵抗之后攻陷了旗人区。第二天，城中一片混乱：士兵放火并洗劫了省库、市里的银行和当铺，还有许多有钱人家。[1]

　　事变之后，太原县也开始变得无法无天。惊恐万分的县令组织了防卫军，继续在任上支撑了几个月。然而最终县城里的百姓无法忍受这些防卫军的侵扰，派了两人到省城请求撤换县令。县城四面围墙，城门紧闭，尽管防卫军遭到颇多麻烦，但是要阻挡军队进入并不困难。与此相反，因本省一条主要的南北干道穿过晋祠镇的中心，晋祠饱受其苦。通常情况下，道路本是商贸资源，但在革命后的混乱时期，这简直就是一场灾难，晋祠不断被过往军队骚扰。刘大鹏那位擅长算学的朋友胡瀛——此人曾在新建的山西大学堂教书，就在庙前贴了一张告示，解释革命是阻止

----

① Gillin, *Warlord：Yen Hsi-shan in Shansi Province* 1911-1949；叶复原：《辛亥太原起义追记》；侯少白：《辛亥革命山西起义纪事》；山西省政协文史资料研究委员会：《阎锡山统治山西史实》，第 6—25 页；《太原起义目击记》；薛笃弼：《太原起义和河东光复的片段回忆》；王定南：《辛亥革命太原商民遭受抢劫的情况》；《大公报》1911年 12 月 27 日，第 2 页，1912 年 1 月 12 日，第 2 页。

列强瓜分豆剖中国的必要行动，因而他号召民众冷静处之。但是，晋祠的一张告示对混乱景象来讲终究是于事无补。刘大鹏自己也身受其苦，当他在街上行走时，被人抓住并强行剪掉了辫子。刘大鹏满心愤懑地回到家，并且顶受着相当的压力，直到头发重新蓄好才就任新成立的县议会议长一职。[①]

对地方经济而言，革命简直是一场灾难，这让人们对革命的态度并没有丝毫改观。在太原，票号和当铺被放火烧毁并惨遭抢掠，富有的山西票号遍布国内其他城市，自然成了被攻击的目标。与此同时，山西省的度支库也遭抢掠，以至于新的军政府无钱给士兵发饷。长远而言，这意味着税收增加，但是从短期来看，这意味着革命党要从大的票号和商贾那里榨取大量的金钱以应对政府的急务。与此同时，举国观之，众多家产的损毁意味着山西票号的贷款如今很难收回。这在武昌和汉口这两个长江的口岸城市表现得尤为严重，而这两个城市之前都曾是俄国和蒙古砖茶贸易的中心，现在成了革命首义之地。此外，票号大部分利润丰厚的业务是替清政府汇款和投资。清朝覆灭前几年，这类业务已受到政府部门新建的各种西式银行的挑战，一些山西票号因此而倒闭。但是西式的银行从未能垄断该行业，一些大的山西票号继续从政府业务中获取巨额利润。清政府被推翻后，不仅票号失去了已经借贷给政府的大量贷款，时局变迁也在更大范围内影响

---

① 刘大鹏：《退想斋日记》，第 176、181、225 页；石永泉：第 231 页；李时雨：《胡瀛》。

到了山西票号的信用。很快人们就清楚任何新政府都比清政府更热衷于现代化，因此政府更有可能给西式银行垄断政府业务的特权。第一批倒掉的票号分支可能是由于革命带来的直接破坏和损失，但是新政治环境带来的信用度降低更是雪上加霜。票号纷纷倒闭，余下的也岌岌可危。革命前，河南开封府有十三家山西票号的分支，到 1915 年仅存五家。屈指可数的几家山西票号在革命后存活下来，但是也仅勉强支撑到 1920 年。在票号繁荣的 19 世纪最后十年和 20 世纪最初十年里，资金通过这些票号流入晋中地区的村镇。革命过后，利润荡然无存，票号的掌柜和伙计不得不返回他们的村庄，在那里大量失业的商人和教师加入了农耕的队伍。[①]

辛亥革命也影响到山西商号，尽管并非如此剧烈。因为越来越多俄国贸易通过海运去往天津，自 1905 年起，通过新建的横跨西伯利亚的铁路到俄国，山西的贸易也在衰落。[②] 革命使商业贸易中断达数月之久，汉口为战火所毁，造成了严重的损失。许多商家损失惨重，因为他们投资的票号现在纷纷倒闭。刘大鹏的东家南席武家，融资一度遭到重创。革命后不久，刘大鹏之前的学生武仁和到山东为父打理生意，但是由于过于频繁地被人追索家中所欠的债务，最后吐血身亡。他的妻子五天后自杀。革命也

[①] 景梅九：《罪案（绝录）》，第 99 页；黄鉴晖，第 372—374、436—458 页。黄鉴晖估计每间银行平均损失达 137000 两。

[②] 张正明：《晋商兴衰史》，第 265 页；渠绍淼、庞义才，第 72—96 页。

影响到山西和蒙古的贸易。1912 年，作为对辛亥革命的回应，外蒙古宣布独立，并且颁行歧视境内华人的法律，推行和俄国的自由贸易。五年后的 1917 年，俄国革命实质上结束了中俄之间的陆路贸易。居于南席附近的车辋镇常家，曾经有一个在莫斯科的货栈，失去了一百四十万两的莫斯科贷款，当卢布崩溃时，其他很多人也失去大量财富。①

像很多人一样，地方经济的衰落也影响到刘大鹏。事实上，刘家大概从此家道衰落。1908 年刘明过世后，生木店的生意为一个掌柜接管。曾经是银行业中心的太谷县经济不断恶化，这意味着家具的生意不可避免地变得糟糕，利润也更薄了。家具生意所在的李满庄曾经是一个富裕的乡村，如今变为空城，人们纷纷变卖家产，然后是房屋的木材。② 刘大鹏自己最终失去了教职。他一直都讨厌教书，可能是父亲过世后，刘大鹏才得以辞职，另外或许也是因为他传授的知识已经无关紧要，而且东家家中的光景也大不如前。像许多曾经离家在外工作的人们一样，刘大鹏在失业后返回乡村，下地耕田。刘大鹏实际上也成了无业之人。

民众对清政府现代化改革反感、社会动荡、经济衰败可能正

---

① 刘大鹏：《退想斋日记（手稿）》，光绪二十七年（1901）七月二十一日，民国三年（1914）二月二十日；《太谷县志》卷6，第6页；张正明：《晋商兴衰史》，第260页；常世华；也见刘文炳，第160页；《北华捷报》1924年3月8日，第358页。

② 刘大鹏：《退想斋日记》，第206页；刘大鹏：《退想斋日记（手稿）》，民国十四年（1925）二月九日；《北华捷报》1923年7月14日，第89页；2001年7月28日对刘佐卿的访谈。

是辛亥年山西中部地区的主要特征，但是革命对于现代化者却是一场重大的胜利。阎锡山在太原建立了新的省政府，到 1937 年日本入侵前他都一直独霸山西。从刘大鹏的角度来看，新政府当然不合法。几年后，他回顾革命时写道，"贼臣袁世凯推倒本朝政府，幽困皇上于深宫，身充大总统，号令天下，改为民国。一年有余"。① 如此看来，革命几乎成了叛臣篡位。新政府继续实施新政和革命本身给经济带来的坏影响意味着难免会出现负面的评价。

面对这些问题，新的民国政府将其正当性建立在其对现代化和民主政治的推行之上，这些理念与刘大鹏的儒家价值密切交织且存有深刻的冲突。新形势在村一级所带来的变化大多是象征性的，但是并未因此而少遭人们厌恶。县长煞费苦心地推广新的公元历法，刘大鹏有一个在县里高校当校长的朋友，因允许学生放假回家过春节而遭非难，故而愤然辞职。② 刘大鹏自己继续以农历写日记，几乎每一卷起始都要将新的历法攻击一番。在 1915年春天，他写道：

> 民国四年以甲寅十一月十六日为岁首，而民皆不遵，仍行旧历，以今日为元旦，家家户户莫不庆贺新年，各处官长亦皆无如之何，听民之仍旧度年也。上月十八日为阳历二月一号，今日为二月十四号，闾阎黎庶只知今日为乙卯年之元

① 刘大鹏：《退想斋日记》，第 181 页。
② 同上书，第 223 页。

> 旦，安知为阳历之二月十四号乎？正朔之改，不协舆情，虽
> 云改正朔犹之乎未改也。[①]

正如以上两例表明的，新历让人困惑，几乎每个人都希望继续庆祝新春佳节，这是一年中最大的节日。刘大鹏自己穿戴上举人的瓜皮帽庆祝新年，"不从逆贼之服饰"，"逆贼"可能用了新式的毡帽。[②]

新政体也以共和国的身份宣示其正当性。共和观念可能比其现代化者所用的其他词语更让人熟悉，它援引了古代的观念来强调人民之于国家的重要性。但是在刘大鹏看来，"既成民国乃拂民心，则失民国之本旨也"。[③] 换句话说，政府的正当性有赖于其举措受拥戴的程度，而非其组建的机制。这与新政府对选举的强调完全冲突，选举是另一项昂贵的新政，而政府正试图借此来证明其正当性。在山西，地方选举作为清政府预备立宪的一部分已在 1909 年开始实施，刘大鹏也被推举为新的省咨议局议员。辛亥革命后，选举变得尤为重要。每个县政府都有议会，其议员选举省议会议员，然后由省议会再选举出北京的国会议员。1912 年和 1913 年，刘大鹏都被选为县议长。第一年他拒绝就任，只因他的辫子被剪掉了，第二年他很不情愿地答应了，但仍担心他的

---

① 刘大鹏：《退想斋日记》，第 204 页。1914 年被称为甲寅，是传统六十年轮回纪年中的一年。

② 刘大鹏：《退想斋日记（手稿）》，民国三年（1914）正月初一日。

③ 刘大鹏：《退想斋日记》，第 380 页。

声誉会受到那些不受欢迎的现代化活动的影响。选举也变成通常择定其他职位人选的常用方法。1913 年，刘大鹏就很担心被选为晋祠区的议长，因此在选举前起立宣布他将拒任此职。[1]

选举对新民国如此重要，以至于当袁世凯决定复辟时，不仅组织选举国民代表大会，同时还举行全民公投来修改宪法。刘大鹏参与了这些选举的各个阶段，从选举注册委员会的成立到太原县最终选出国会代表的选举投票。作为一县代表和之前的省咨议局议员，刘大鹏顺理成章地被任命为选举注册委员。其职责是检查投票人是否达到选举之最低限制，或是否为中学及以上教育水平，或是否拥有一定数量的财产。刘大鹏参加会议时，不但被供给伙食，而且还有 15 元的收入（这相当可观，可抵半年的耕田收入），并被派到各村去寻找合格的选民。这并非易事。无人愿意显富，而且县里根本就没有中学。因此，刘大鹏走村串乡，寻求那些有举人、进士功名的人，人们认为这相当于中学毕业的程度。他还至少找到了一个愿意公开财产来获取投票资格的人。[2]可以推测的是，他可能凭这些人的名望就知晓其中的大多数，但他还是不辞辛苦地到每个村庄去"探访"。这也绝非易事。有一

----

[1]　刘大鹏：《退想斋日记》，第 176、186、614 页；《北华捷报》1908 年 10 月 31 日，第 294 页；参阅 Fincher（傅因彻），*Chinese Democracy*，pp. 111-116；Roger R. Thompson，*China's Local Councils*，p. 86。

[2]　刘大鹏：《退想斋日记》，第 195、217、232 页；刘大鹏：《退想斋日记（手稿）》，民国四年（1915）六月三十日，民国四年（1915）七月十四日至八月初四日。

天尤其让人沮丧，刘大鹏到了小站村和小站营，根本找不出一个选民，他在日记中写道，这是极其辛苦的差事，"多日未曾调来几个，由于资格之限太严，恐有不良之人与之耳"。[①] 这表明他认为选举旨在选择正直有为的人来为官，一如旧时的科举制度，这种想法不无道理。经刘大鹏注册的那些选民都曾身有功名，这也更强化了刘大鹏的态度。

考虑到 1915 年的选举人是一个很小的群体，大部分人都互相认识，似乎被选出的人是那些和同龄人相处得较好的人。第一轮投票在县城的城隍庙举行。刘大鹏自己也被选上了，至少可能因为他刚刚拜访并注册了这些选举人。另外被推选的两人中有一个来自县里最老的且最富有的家庭，很多年之后，当他被共产党员当作反革命抓起来时，成百上千的村民去营救他，因为他曾经在日军占领时给村民分发食物（他也曾送粮食给刘家）。[②] 不难推测他既慷慨又有人缘。对个人关系的强调一直持续到第二轮的省级投票。当刘大鹏到省城时，他发觉来投票的很多人都是老友，正是那些他在学习和科举考试中认识的朋友。刘大鹏被选为120 个省议员之一，他们将选出国民代表。

刘大鹏对此的回应是，"全国举国民代表一百二十人，昨日投

---

① 刘大鹏：《退想斋日记（手稿）》，民国四年（1915）七月十七日。

② 同上。刘大鹏：《退想斋日记》，第 219、525 页；2001 年 7 月 28 日对刘佐卿的访谈；郭怨丹：《一代名臣王琼》。

票，予竟充代表中人，但未知代表何事耳"。① 辛亥革命前，刘大鹏被选作省咨议局议员时，他的名头是"议员"，显然是某种政府雇员。而"代表"是崭新的词汇，且难以理解。至此，根据刘大鹏的理解，这个程序是为了选出国民会议代表。当代表们毫无征兆地被要求投票决定是否应建立君主立宪制，换言之，也就是袁世凯是否可以称帝时，他的困惑渐增。刘大鹏在日记中描述了这些事件：

> 全省代表一百二十人，于巳刻到同武将军行署，即前巡抚部院之署也，巡按使亦到，代表投票解决国体，其票为君主立宪下书赞成二字，人皆一致，无一写他字者，此系官界中人指示代表所书者也，人皆茫然，予亦昏昧。②

刘大鹏完全知道袁世凯想当皇帝。他几天前从《申报》上了解到此事，评论道，"以现势观之，民主为谁君主为谁，当不外老袁一人也"。③ 然而，他也从报纸上注意到张勋盛赞君主立宪，但张实际上希望能让清帝复位。④ 被逼无奈，他哄自己说支持君主立宪就是支持恢复清室，但事实上他知道他其实是支持了袁世凯。当他回到赤桥时，因此做了一个噩梦：

---

① 刘大鹏：《退想斋日记》，第 219 页；乔注："全国"是"全省"的误写。
② 同上书，第 220 页。
③ 刘大鹏：《退想斋日记（手稿）》，民国四年（1915）七月二十四日。
④ 同上书，民国四年（1915）八月初一日。

夜梦袁总统世凯称皇帝，在晋省崇修书院升堂。拜舞者皆顶翎褂，约数十人强予随班拜舞。予心不愿被人逼迫，欲死不能，欲避无路，密计不受其职，承间逃窜，而袁坐于堂上，像貌威严，色白如雪，秉笔书名，封赠官职时而梦醒矣。予在省时赞成君主，意在宣统帝复辟，而袁仍退归臣位。致使君臣大义昭于宇宙。俾乱臣贼子悚然恐惧也。夜梦袁称皇帝，大拂予之初心矣。袁果称帝，则君臣之义何在乎。[①]

几天后，刘大鹏仍然试图让自己相信清室即将复辟。然而正如噩梦中所暗示的，他知道他在压力之下投票支持了自己原本极反对的事情。刘大鹏在选举中经受的种种强迫意味着这并非一个能够坦承己见的场合。

诸如此类皆未能给选举增光，即便如此，最后一轮产生国会议员的选举仍然让人吃惊。刘大鹏了解到那些代表的卑鄙行径时，大为震惊。他作了一首题为"运动议员"的诗：

> 谁云选举法平均，满眼全为运动人。
>
> 非但寡廉并鲜耻，乞求写票奉如神。
>
> 只为希图得议员，要求大众肆开筵。
>
> 旁观窃笑都忘避，惟向同人乞我怜。
>
> 不知时局不知羞，为得议员摇尾求。
>
> 拜托旁人勤说项，天天在馆献佳馐。[②]

---

① 刘大鹏：《退想斋日记（手稿）》，民国四年（1915）九月二十九日。

② 刘大鹏：《退想斋日记》，第221页。刘大鹏并非唯一写此主题的穷举人。也见《太谷县志》（1993），第631页。

推翻皇权、废除科举制度已经破坏了通向政治权力的唯一合法路径。像袁世凯和阎锡山这类高官皆因军事实力而获得权力，但是对其他人来说，选举似乎提供了一种为官的途径，因此成为一种重要的社会流动形式。但是选举也是新奇的事物。按照科举制，任命官员应该依照客观可见的贤德。当然也有官员尝试谋取任用和升迁，但是做法不能显得太过直白，而且整个活动在道德上也是颇有问题的。一方面，不可避免的是竞选活动要求候选人去说服选举人，证明自己是最佳人选。在县这一级，具有良好声誉和人际关系才有可能被选上，刘大鹏的选举经历——考虑到他对任何形式的竞选活动的反感——正说明了此点；但在较大规模的省级选举团中，很少有候选人具有如此声誉。由于政党和自荐都在道德上存在争议，一些候选人试图通过宴会和阿谀奉承来尽快建立人际关系。然而对刘大鹏来说，这些活动似乎是选举过程的内生部分，并让选举更易受人质疑。①

但是这仅仅是选举活动的开始。当候选人公开行贿，事情就变得更加糟糕。最后在投票的前一夜，让刘大鹏震惊的是居然有人送钱给他，希望他能转投别的候选人，但遭到他的拒绝。②1901年，刘大鹏曾抱怨清政府卖官鬻爵，但是那种行为被非常清

---

① 参阅 Fincher（傅因彻），pp. 88，113-115，222-224；罗志田：《清季科举制改革的社会影响》。

② 刘大鹏：《退想斋日记》，第 221 页；刘大鹏：《退想斋日记（手稿）》，民国四年（1915）十一月十四日。

晰地限定在不损害科举制度正当性的范围内。选举似乎也提供了买官的机会，而且没有了清晰的限制。理念新奇的新制度几乎没有内在的正当性，又没有任何关于金钱所应扮演角色的讨论。对刘大鹏来讲，贿选似乎是竞选活动所代表的道德败坏的自然延伸，也是整个新制度的一个内生部分。当第一天投票结束时，被选上的候选人正是那些积极运动且"廉耻毫无者，安望有益于国计民生耶？"[1]

儒家思想的核心是任用正直的人。正如刘大鹏在梦中觐见皇帝时所言，政府的职责就是任命合适且合格的官员，罢黜名誉不佳者。选举结束后，刘大鹏给县长写了一封信，信上说"金钱买票，运动议员，此风已开，选政之坏，莫大于斯。自今以后，正人君子不得充议员矣"[2]。在结尾处他指出，只有那些富贵、有权势的人才能获得足够的选票，赢得选举。这不仅仅是对袁世凯那无可否认的腐败选举的反驳，也是对整个代议体制的普遍问题的批评。三年后，刘大鹏评论近期的一次省议会选举："选举省议会议员，仍用投票法，而一切奸人宵小，莫不钻营运动，凡多钱之人皆占优胜，似此选举尚能得贤才乎？"[3]

为了支持自己的评断，刘大鹏援引了一系列观察到的异象，视作上天对民国的惩罚。1914 年春夏两季，他记录了一长串的气

---

[1] 刘大鹏：《退想斋日记》，第 222 页。

[2] 刘大鹏：《晋祠志》，第 1534 页。

[3] 刘大鹏：《退想斋日记》，第 265 页。

象事件：夜间的奇异声响，人们说这是上天在怒吼；太阳附近出现的三重日冕；仲夏降了雨夹雪；夜间白云布满天空；同样在夜里，天空突显一道红拱。在这些当地的现象之外，刘大鹏还添上了自己从报纸上读到的远在江苏省出现的红雨。起初，他仅将这些现象解释为篡取皇权必然导致的灾难的征兆。之后，他更清楚地知道灾难的具体内容：欧战已经爆发，日本占领了青岛，孙中山及其同伙正在利用这些机会造反。毫无疑问，人们纷纷议论这些凶兆。事实上，如果民意不将夜间的异声和天空的红拱相应地诠释为"上天的怒吼"和对战争的警诫，它们并不能被称为正当的征兆。有一次，刘大鹏写到自己和晋祠镇镇长牛玉鉴聊到牛氏夜晚曾看到的空中黑拱，并且认定这是战争的征兆。也像刘大鹏一样，牛玉鉴非常反对革命。如今无法估计有多少人和他们看法一样，但是刘大鹏至少不是唯一一个认为日本侵华是上天对革命推翻清朝的一种惩罚的人。①

用之前的道德秩序来看待民国政治事件并不局限在对征兆的讨论。十年后，当山西受到军阀部队攻击的威胁时，为了知道将发生什么，刘大鹏去晋祠吕洞宾道观求签。他让神签决定问题的答案，"晋阳是否有难"，得到的回答写在一个印着六爻（姤卦——译者注）卜辞的小纸条上：

---

① 刘大鹏：《退想斋日记（手稿）》，民国三年（1914）五月初九日，民国三年（1914）七月十六日，民国四年（1915）二月十八日。也见民国四年（1915）二月十七日。

　　　　五阳当天伏一阴，健刚居位有祥祯。

　　　　动久薄变终无毁，利见光天化日中。①

后面还附有更简单易懂的建议，但是刘大鹏根本不需要，因为六爻来自《易经》，他少时曾修习过。正如他在日记中评论所言，"此卦言佳，吾期叛军莫扰"。② 后来证明神仙在此事上是正确的，山西幸免于难，刘大鹏保存了这张小纸条，藏在日记本的夹缝中。通过《易经》预知未来，这将民国政治事件重新掷回儒家经典的世界及其为人熟悉的道德秩序之中。即使在一个众人抛弃经典的时代，道家仙人用儒家经文所作的有效的预测揭示了这些经典普世而永恒的价值。刘大鹏这种对民国政治混合了儒家典籍、上天的凶兆、道家仙人效力的诠释，对于常端着碗、蹲在屋后河边的大树下边吃饭边闲聊的村里人来说，应该并不陌生。③人们生长于其中的道德体系毕竟不可能在短短几年内被颠覆，尤其是社会变迁相对较少的地方，那些接受现代教育的孩童年纪尚轻，绝不足以影响他们长辈的看法。

　　要是政府能成功地让经济繁荣起来，并驱逐在华列强，刘大鹏可能对现代化政策有不同的观感。毕竟，这曾是他梦中所愿。然而没有迹象表明政府做成了其中任何一件事情。反而，经济崩

---

① 刘大鹏：《退想斋日记（手稿）》，民国十四年（1925）十二月二十六日，书页内所夹纸条。

② 刘大鹏：《退想斋日记（手稿）》，民国十四年（1925）十月二十八日。

③ 参阅刘大鹏：《晋祠志》，第 147 页；顾麟趾：《山右谶记》，第 3 页。

溃的消息甫至，就又传来新一轮外国势力入侵的消息。1914 年，刘大鹏看《申报》时知道日本侵占了青岛。当细节更清晰时，他在日记中提到青岛原本是山东的德国租界，而日本加入了对德作战的同盟国。① 但是他相信"日之目的不在青岛，而在吞并整个中国"。② 1919 年，当《凡尔赛和约》正在协商时，显然中国不能收回青岛，他耳闻学生在省城及其他城市游行。他也曾和女婿讨论抵制日货的问题，他女婿那时是山西大学的一个学生，本人曾参与游行。1925 年，刘大鹏从报纸上读到抗议英国警察杀害上海示威者的抗议浪潮。这在山西主要表现为反对政府横征暴敛的学生游行，尤其反对政府新设立的房屋税。在省城，大规模的学生游行迫使政府撤销此新税种，刘大鹏闻此非常高兴。这也是晋祠学生第一次组织起来游行，刘大鹏听到他们在外面高喊口号。他不能完全听清楚他们所说的内容，但是他写下了他们的期望：即让中国强大以抵御外侮并赢得胜利。像现代化者一样，刘大鹏也很关心维护中国的主权，抵御外国侵略；只是他与他们在如何实现这一目的的问题上持不同意见。③

　　所有这些事件都是刘大鹏从报纸上读到的，而这些报纸大部

---

① 刘大鹏：《退想斋日记（手稿）》，民国三年（1914）七月十三日，民国三年（1914）七月十九日。

② 同上书，民国三年（1914）七月十六日。

③ 刘大鹏：《退想斋日记》，第 277—280 页；刘大鹏：《退想斋日记（手稿）》，民国十四年（1925）闰四月十九日，民国十四年（1925）闰四月二十日，民国十四年（1925）五月初一日。

分在口岸城市出版，且为现代化者所支持。在不同时期，刘大鹏
阅读《申报》，这是一份上海出版的非常重要的全国性日报，还
读了在华北发行的《顺天时报》和天津《益世报》，有时则读一些
在数年之间前后发行的山西省报纸。① 为报纸写稿的人用的正是
改革、自由、平等、国家、列强等词汇。刘大鹏每天清晨在沉思
之后开始读报纸，此前他通常在此时读史。不可避免的结果是他
用儒家道德来考量国家大事。他谴责民国的领导人们缺乏忠诚，
指摘孙中山为"贼头"、袁世凯为"贼臣"。② 类似地，他坚持用
蛮夷称那些 1914—1918 年参加欧战的国家，尽管报纸上用的是每
个国家的名字。有些地方他也用了现代化者的语言，但常常语含
讥讽。辛亥革命前些年，他评论道，尽管现代化者放言"自强"，
他们的改革实则为"自弱"。③ 辛亥革命后，他取笑地写道："今
改民国之年，而予称年号仍系宣统，以予系大清之人，非民国之
人耳，各行其志不能强，维新人所谓之自由是也。"④

刘大鹏痛恨共和制度并认为它是不道德的，但尽管如此，刘
大鹏依然想要谋取一官半职。因此，他努力通过演讲和参与选举

---

① 刘大鹏：《退想斋日记》，第 195、211、246、247、288、522 页；Henrietta
Harrison（沈爱娣），"Newspaper and Nationalism"。

② 刘大鹏：《退想斋日记（手稿）》，民国三年（1914）正月初一日，民国三年
（1914）二月二十一日。

③ 刘大鹏：《退想斋日记》，第 160 页；刘大鹏：《退想斋日记（手稿）》，民国三
年（1914）七月二十日。

④ 刘大鹏：《退想斋日记》，第 199 页。

来适应新的环境，在因改革而设立的新机构中觅职。1912 年，他被选为县议长，并接受了这个任命。像很多新机构一样，县议会的运行耗费不菲，而且它自身本应承担的职责也并不清晰。具体而言，它的职责如何与县长相区别？尤其在县一级，立法权和行政权分离的概念对于任何一位从大清体制中成长的人来说都是匪夷所思的。相应地，县议会的地位也就颇有问题，一直在传统的行政、政策制定和别的莫名其妙的新职能之间挣扎。通过思考这些问题，刘大鹏得出的结论是县议会应监督县财政，增加政府的收益，减少腐败。这也符合他对新政的整体理解，也同他在省议会的经历有关，省议会曾积极地参与整肃地方财政。他希望这能让县议会受人欢迎，将可能出现的苛捐杂税消于无形。然而当他开始调查之后才发现县财政混乱不堪，根本没有清晰的预算，收入和开支都因袭往年。他整顿财政的努力遭到了来自县长和其他县议员的抵制，但是得到了商会的支持，因为经商的纳税人在课新税时首当其冲。实际上，商会会员以集体辞职相威胁，不许刘大鹏离去。问题最终在一次激烈的会议上浮出水面，当刘大鹏威胁说要辞职时，仅得到一小群年轻议员的支持。他最终还是辞职了，因为他后来意识到里面存在着腐败和管理不善，而且非常担心卷入其中。四年后的 1917 年，刘大鹏再度出山，那时省政府希望整顿县级财政，但面对县长的漠然和他人的反对，刘大鹏的努力又一次以辞职而告终。考虑到刘家并不富裕，功名带来的威望和他奉行儒教所精心塑造的声名正是他仅有的政治资本。由于世纪之初的改革，两者都急剧贬值，辛亥革命后，这些都不足以让他在面对错综复杂的利益时参与地方事务的运作。①

当我们观察刘大鹏参与的 1915 年到 1918 年晋祠的一系列修缮工作时，他的道德资本所含之政治价值的衰落就凸现出来了。刘大鹏名列地方贤达组成的修缮委员会成员之一，当委员会挨家挨户募集捐款时，刘大鹏称他的儒家声望是一笔财富。然而当人们就某村村民的应捐份额发生争执时，刘大鹏同意付诸公断，这意味着两方都得让步。当他演讲指责其他管理者——尤其是晋祠镇镇长牛玉鉴——收取承建方的贿赂且在三餐上浪费募款时，他变得更不受欢迎。公众演讲仍是非常新的作法，且与新的民国观念密切相关。颇具反讽意味的是，刘大鹏正尝试用演讲来强化自己的立场，这一立场主要建立在其儒家声望之上。他的开场白几乎全部都是引经据典（和他平日工作的风格迥异）。由于人们不把招待公共工程的管理人员吃饭视为腐败，这愈发凸显了刘大鹏个人声望基石的严格儒家道德。但是刘大鹏担心的是，他唯一的资本——为人正直——正在被蔓延的关于委员会的谣言所损害。与此同时，他不忘提醒听众他的功名高于他们，因大部分听众是较低的生员，而他是较高的举人。悲惨的是，他的声誉和功名的价值一落千丈，以至于委员会认为他无关紧要。②

那年夏天，黄国梁造访晋祠。小镇上有古雅的寺庙和清澈湍

---

① 刘大鹏：《退想斋日记（手稿）》：第 178—180、244—247 页；王叶健：《中华帝国之田赋，1750—1911》。

② 刘大鹏：《晋祠志》，第 1514—1517、1521 页；刘大鹏：《退想斋日记（手稿）》，民国四年（1915）四月二十四日；《重修晋祠杂记》，见刘大鹏：《晋祠志》，第 1493—1618 页；也见 Strand（史谦德），"Citizen in the Audience"。

流的小溪，一直是颇受省城来的游览者欢迎的胜地。辛亥革命后，虽然黄国梁避免担当政府的要职，但他仍是新军第二混成旅旅长，也是本省数一数二的要人。刘大鹏家所有的子孙都记得此人是刘家结交过的真正有权有势的名人。黄国梁访问后，刘大鹏、牛玉鉴和其他三个经理曾到省城找黄国梁募捐。刘大鹏因选举又在那里逗留了一段时间，其间得到黄国梁捐的一笔款子，刘大鹏直接存入了晋祠的银行，并没知会其他委员。刘大鹏称，那年夏天当他不在赤桥时，其他经理曾邀请黄国梁赴晚餐，结果因饭桌上牛玉鉴酒醉后咒骂革命而闹得场面无法收拾。更愚蠢的是这顿饭钱是用修缮款支付的，当黄国梁一年后重游此地时，他在张贴在庙墙上的清单中发现了这笔费用。因此，黄国梁就将自己当初的捐款完全交由刘大鹏处置。他宣布了募集下一步修缮款的计划，也决定由"老刘"负责该账目。牛玉鉴和其他晋祠的村长自然因被排除在项目之外而愤愤不平。火上浇油的是，黄国梁的钱款有一部分被毫无掩饰地投在一个对赤桥有利的工程上。晋水每年要被拦住两次，以便清理灌溉的沟渠，一般此时赤桥村民会下到晋祠，在主泉水流下的台阶上浣洗纸浆，而刘大鹏则在这些台阶上修建了一个小亭子。清洗纸浆的赤桥苦力和周遭雅致的美景极不协调，这个事情几十年来一直是晋祠镇人的心头刺，几度试图封闭这些台阶。这些地方上的争执总是以县丞允许赤桥村民继续洗纸浆而告终，但是他们这种做法显然是让晋祠人不高兴的。①

---

①　刘大鹏：《晋祠志》，第 784、1531—1532、1534—1536、1555、1558、1560 页；Gillin（吉林），pp. 15, 26, 43；黄国梁：《黄国梁自述》。

　　第二年，阎锡山最终将黄国梁逐出权力中心。失去黄国梁支持，刘大鹏的政治劣势更显露无遗，而试图调停刘大鹏和牛玉鉴的努力也以失败告终。① 亭子的工程即将结束，牛玉鉴喝令画匠停工。这次，刘大鹏变得焦虑不安。他描写到赤桥的村民个个都很愤怒，"（目睹其事者）莫不抱恨不平，众皆怂恿我赴晋祠与牛对垒。皆谓牛玉鉴非有三头六臂足以杀人，亦非猛虎恶兽足以噬人，何必怕他，不与较论？"人群愈聚愈多，天黑仍未散去，要求刘大鹏去对质，并告诉他如果他不去则颜面全无，不过刘大鹏仍拒绝前往，辩说牛玉鉴凶气满身，死期将至，最终会受到惩罚。但是第二天在描述前日发生的事情时，刘大鹏说道，"鄙意以为牛玉鉴横行，晋祠人皆畏罹，吾何为独不然？"② 最后，他让几个中人去拜访牛玉鉴并致歉，牛玉鉴并没有善罢甘休，反控刘大鹏挪用黄国梁的捐款。刘大鹏相信只要请法庭裁断便可还自己清白，但是县长担心惹上麻烦，拒绝听讼。刘大鹏不断向各种权威机构申诉，但是始终无果。他将自己的声望贬损都归咎于这桩事，因此他一直痛恨牛玉鉴，直至 1935 年牛玉鉴家中着火，焚烧身死。刘大鹏那时在记录后添上了舒心的一笔，指出牛玉鉴系因作恶而死。③

　　牛玉鉴的指控终结了刘大鹏在地方政府的活动。毫无疑问的是地方工程经常发生内讧，刘大鹏的问题部分就缘于他不擅与人

---

① 刘大鹏：《晋祠志》，第 1616—1617 页。

② 同上书，第 1594 页。

③ 刘大鹏：《晋祠志》，第 1587、1589—1599、1606—1608、1613、1617—1618 页。

相争，但他的无力周旋却也来自政府的变革。他并不富有，他所具有的权威来自他的教养和践行儒家君子之道，而这些已经被共和政体的新价值观冲击殆尽。刘大鹏所学的是去宣扬、笃信儒家的道德论说，但是这类言辞已经无力打动政府官员。刘大鹏的儒家思想本身极为严苛，且常常高自标榜，进而，这一点让他很难和同辈们结盟。如此一来，像在其他很多方面，儒家道德展现了国家深刻的等级性，这些思想本身就孕育其中。从更实际的层面来看，废科举已经削弱了刘大鹏的功名的价值。要是在过去，他远在牛玉鉴之上，因为牛玉鉴仅是位生员，功名本身将提高刘大鹏的影响力。如今，地方政府不断扩充职权，任用更多公职，镇长的权力越来越大。失去了国家的支持，刘大鹏自身地位被削弱了，他只能依赖个人的声望。起初，这似乎也是一个资本，至少也能鼓励人们为工程捐款，但是最终它转变成了负担，因为它意味着牛玉鉴的诽谤能毁掉他作为从政者的角色。

此后，刘大鹏再也没有正式参与地方政治，然而他的教育仍让他有自信去批评时弊。因此，他变成赤桥村民和其他地方百姓的一种资源，尽管这远非刘大鹏所梦想的要职，而且他也并非特别在行。1926年，县里的税赋无法承受时，刘大鹏答应去向黄国梁陈情，那时黄国梁负责某方面的军需。刘大鹏到达时，黄国梁称病不见；刘大鹏多次求见，都失败而归。那年年末，赤桥村长没能给出足够的账目，与村民起了争执，因此几个邻居请刘大鹏去调停。刘大鹏在演讲时自责，称自己尝试用德行来改变本村的努力失败了，结果这番讲话并未奏效，村长最终因惹众怒而被驱

逐离职。数年间，刘大鹏不断向省政府递交陈情状。其中，1933
年的很多状子草稿被保存下来。归结起来，很多都是他自世纪之
交以来一直关心的主题：税收、政府机构的扩张、选举的不尽如
人意之处以及地方上的腐败。他抱怨道，村公所对谷物额外收
费，还有其他一些摊派，他还抱怨说，当收税的时候，村长、村
长副、里长、村秘书和他们的朋友们都能在村公所白吃白喝。之
前，五六个人在县公所处理税收，但是现在 167 个村庄各需要十
人，全部公款吃喝。偶尔，刘大鹏的抱怨能奏效：他曾经说服村
长将结婚证书印花税从一块钱减到四角，很多年后，当监狱爆发
瘟疫时，他让一个说不上有同情心的县长同意释放那些因缴不起
租而被关押的犯人。[①]

随着时间的流逝，刘大鹏的个人境况也大不如前，他开始更
加认同于自己的邻居，而非官员和地方领导，虽然在某种程度
上，后者才更称得上是他的同侪。他更加关心富人应该缴纳多少
税收才算公平。1926 年夏天，他参加了县长召集的乡绅会议，讨
论如何分派谷物税。清晨时他就已不快，因为赤桥村鸣锣告众，
每户出干草二十斤，大洋一角，限今午送交村公所，违者重罚。
当他到会场时，发现其他人都希望县里垫款交谷物税，随后摊派
到每家每户。但刘大鹏提议让富户交齐全部，穷人则不必受扰。
刘大鹏自家并不富裕，因此他的提议是可以理解的，但是与会之

---

① 刘大鹏：《退想斋日记》，第 218、350、492 页；刘大鹏：《退想斋日记（手稿）》，民国四年（1915）八月二十九日，民国十五年（1926）五月十三—十六日，民国十五年（1926）十一月初十日；刘大鹏：《太原县现状一瞥》，"恳请山西省政府"。

人并未接受他的提议。这也并不让人吃惊，事实上，没人支持他，他被迫做了一个愤怒的演说，指责县长劫贫济富。[1] 那年冬天，他威胁说，"将来乱事一生，贫民恨富户素占便宜，岂有不群起先抢富户者乎"。[2] 在 1932 年，他记下自己"夜梦率领许多民众催迫富户佃，完今年上忙钱粮以解贫穷之受困"。[3]

刘大鹏有着和邻居一样的烦恼，因此他变得更认同乡里村民。当他入仕的希望荡然无存时，家财也渐渐耗尽，刘家的经济条件也和他的邻居们无大异。他忍受着革命带来的经济和政治后果，当他抗议时，他的意见和他邻人的一样被忽略了。即使如今村民回忆起他拒绝承认失败时都笑了，但是在村里刘大鹏还是备受欢迎，而且因其勇气而为人敬重。他过世时，他的墓志铭上刻着一个故事，记录了他如何上书南京政府，反对山西的苛捐杂税。村民们铭记并讲述刘大鹏尝试在南京起诉阎锡山的故事。村民们依旧记得那封南京政府的复函，非常长，信中命令山西省政府减税。提到此信和刘大鹏的壮举时，每个人都记忆犹新，但是当我问及阎锡山是否在意此事时，老人们都笑了，他们告诉我，当阎锡山得知是何许人在申诉时，他当然丝毫不在意。[4]

---

① 刘大鹏：《退想斋日记（手稿）》，民国十五年（1926）七月初七日（删减版见刘大鹏：《退想斋日记》，第336页）。

② 刘大鹏：《退想斋日记（手稿）》，民国十五年（1926）十二月二十三日。

③ 刘大鹏：《退想斋日记》，第440页。

④ 刘大鹏：《退想斋日记》，第614页；石永泉：《太原市南郊区教育志》，第205页；1999年8月6日对刘佐卿的访谈。

第五章　商人

1913 年，因学校欠薪，刘大鹏辞了晋祠新学堂的教职，赋闲在家，却仍有八个大人和六个小孩需要养活。唯一有收入的是长男刘玠和三男刘珣，刘玠那时在县高小教书，刘珣在村学堂教书。刘家也有耕田，因此那年夏天，刘大鹏在田里花了很多精力。但是当小麦和高粱收获之后，他盘算这些粮食可供全家吃多久，结果发现还撑不到年底。长子刘玠和女儿红荑的婚礼已经耗尽了家中的余钱，与此同时，四子刘珽和长孙女喜谦的婚礼都安排在第二年。两年之内四个婚礼对刘家来说是一笔沉重的负担，更不要说刘家并没有实在的收入，却要供另一子在省城中学读书。刘家仍从刘明的生木店获得一些进项，店面现在由先前的伙计经营，不久刘大鹏就尝试在阳邑开了一间新店铺。刘家也从刘明在赤桥购置的商铺获得些租金。耕读传家的观念在刘大鹏所学的经典文献中十分常见，有时他也这样描述自己家；但是事实上，家庭收入的大部分总是来自刘大鹏父亲的生意，所以他如今转向商业谋取生计也并不奇怪。[①]

刘大鹏进入的行业是采煤。山西富藏煤炭，汾河及其支流从岩石里穿过，这让煤层暴露在环抱平原的深山中。采煤在此地已经有几百年的历史，流传的歌谣将太原县煤矿之多比作满天繁星。用平实的话来讲，1918 年县里据说曾有 120 座煤矿。事实上，几乎不可能知道煤矿的确切数量，因为很多夏天以种高粱、土豆为生的山民到了冬天则靠挖地得煤为生。几个月后，当煤洞太深时，他们就转移到另一个地方继续挖煤。政府的咨文中将这些经营小煤矿的人描述为苦力，他们的收入刚够糊口，正如刘大鹏注意到的，他们中的许多人生计艰难，无钱娶妻，结果导致山区长期缺少妇女。县里大煤矿利润颇丰，但是在其他方面也类似于这些转瞬即逝的小营生。像小煤矿一样，大煤矿也只在冬天运营，那时才有劳动力，且人们此时需要买煤取暖，并且那时山路也冻得足够结实。[②] 此外，遇到煤窑透水或者没有充足的通风时，纵使是大煤矿也会变成废窑。正如常言道，"水占灯不着，煤予后

---

① 刘大鹏：《退想斋日记》，第 44、182、186、188、190、194、197、200、228页；刘大鹏：《退想斋日记（手稿）》，民国四年（1915）正月十五日，民国三年（1914）正月二十一日；1999 年 9 月 6 日对刘佐卿的访谈。根据黑田明伸估计，刘大鹏的田亩仅能供养三个成年人一年的口粮。黑田明伸：《二〇世纪初期太原縣にみる地域經濟の原基》。

② 刘大鹏：《退想斋日记》，第 252 页；刘大鹏：《晋祠志》，第 1177、1340 页；太原西山矿务局西山煤矿史编写组：《西山煤矿史》，第 18、25 页；《清徐县志》，第228 页；《太原市南郊区志》，第 259 页；Richthofen, *Baren Richthofen's Letters*, p. 132；《山西矿物志略》，第 611 页。

人留"。① 尽管如此，质量高、煤层厚的地方总能找到规模庞大
且历史悠久的煤窑。

看过这些大煤窑，刘大鹏非常激动。在他编纂的某个方志
里，刘大鹏描写了他经营多年的石门煤窑的场景。像其他的大煤
矿一样，石门煤窑是一座浮矿，横井直通山腰。刘大鹏描写了那
些煤场以及聚集在煤矿入口处的工棚。矿工们白天睡觉，夜间工
作，因此叱牛声、刈煤声、运煤车马声杂环交错，灯火荧荧，通
宵璀璨，运煤的人就能在天微亮时向山谷进发。偶尔，刘大鹏也
下矿，检查煤面。他会提着一盏油灯，但是矿下依然很黑，凹凸
的地面让行走非常困难。他描述小煤油灯的影子在斑驳陆离的墙
上闪烁，墙上的水慢慢向下滴落。在矿里，他观看矿工掘煤。挖
煤也是技术活，很多矿工都有多年的经验：他们打碎选中煤块的
上下部分，随后用撬杠把它撬落。大煤块尤其宝贵。这些矿工收
入不菲且很抢手。秋天，当煤矿马上要准备在冬天开放时，窑主
们想尽办法从竞争对手那里挖来有经验的矿工。有些矿工甚至成
功转型为窑主。但采矿确实辛苦且危险：水、火、矿井坍塌都是
长存的危险。刘大鹏把矿工的生活比作穴中之鼠。②

采矿工作其实比拉煤出矿的搬运工要好很多。在石门煤窑，

---

① 刘大鹏：《晋祠志》，第 1120 页。
② 刘大鹏：《退想斋日记》，第 178、322 页；刘大鹏：《晋祠志》，第 1138、
1379—1380 页；《西山煤矿史》，第 17、24、38、45 页；《太原市南郊区志》，第 531、
819 页；《晋中地区志》，第 173 页。

煤从岩面转到牛车里，然后拖出矿井。牛占了煤矿成本开支的主要部分，驾牛车是责任重大的工作，但是即便如此，在刘大鹏的诗里仍然强调采煤的艰辛：

> 黑窑子诗曰：
>
> 朝返家中夜入窑，身虽劳瘁意逍遥。
>
> 头悬油鼗将□叱，手握皮鞭把犊嗳。
>
> 话说声音犹易辨，本来面目究难瞧。
>
> 万层山下谋生活，终岁不嫌频折腰。[①]

在很多其它煤矿，窑口对牛来说太陡峭了，因此工人需费力地将煤用大袋子或皮背包从狭窄的通道运出。这些工作费力、危险、无技术，而且收入低。工人们常抱怨说穿着鞋和袜进矿，出矿时则需洗脚。和煤窑所需的劳动力比起来，山区人口太少了，计件工资吸引了贫穷的移民来补充大部分的劳力。有些需要很多搬运工的煤矿也在冬天大量使用包身工，他们在秋末的晋祠庙会上可以买到，那里一同出售的还有冬天穿的二手衣服。有一位工人描述他曾在山西南部放羊，冬天时没有活干，听人说可以在煤矿里务工谋生。但是当他到了晋祠时，受贩子蒙骗，被卖给一个煤矿作雇工。他工作了整个冬天，运不够煤时就要被打，最终他被放走了，领了两斗小米和一条新裤子。并非全部的雇工都是被骗来的，然而毫不奇怪的是当战事爆发、苦工们可以选择参军这

[①]　刘大鹏：《晋祠志》，第 1377 页。

条出路时，采煤因此颇受影响。[①]

　　煤出窑口后，人们根据块状大小分拣，卖给挑夫和车夫，他们将煤运送到平原地区，然后在那里出售。牛车、驴车、骆驼、骡子、独轮车和带扁担的人们夜间都聚集到矿口，准备破晓出发。有些车来自相当远的地方，可能前夜曾在太原县逗留，太原有很多小客栈，专门服务煤炭生意。运煤利润颇丰，很多赤桥和其他平原村落的年轻人推独轮车到煤矿口——有时有骡子帮忙——运煤，这样的收入能养活一家人过冬。年轻的壮汉一次能运一千多斤的煤，但是保持载重平衡是需要技巧的，山路狭窄，危险异常，因此有很多事故和死亡。当车夫到了平原，他们卖一些煤给需要取暖的人家，剩余的都售给当地工厂。[②]

　　由于运煤到平原昂贵且不便，因此很多工厂都聚集在山脚下的村庄。赤桥正是其中一个，它以工业为主：八成以上的村民以造纸为业。[③] 到 30 年代，本村人觉察到，半数村民是外来的工人，很多来自河南省信阳的造纸地区。造纸工从农民那里买进稻草，在熟石灰里浸泡，在煤火上用大罐子烧成纸浆，随后在河里

----

① 《山西矿物志略》，第 113 页；西山煤矿史，第 41—43 页；1999 年 9 月 6 日对刘佐卿的访谈；吴振华和郝寿身：《冯玉祥解放布袋窑》；郭元洲：《冯玉祥将军在晋祠》。

② 刘大鹏：《退想斋日记》，第 202 页；《山西矿物志略》，第 114 页；刘大鹏：《晋祠志》，第 1227 页；石永泉：《抗日战前太原县城的工商业概况》；王树人：《太原县的推车》；1997 年对赤桥村民的访问。

③ 刘大鹏：《退想斋日记》，第 6—7、26 页。这个调查表明百分之六十一的家庭从事造纸业，那时此工业已经在严重的凋敝阶段。

洗纸浆，再把它塑成大片，贴起来待其晒干。成品是草纸，主要用作加强建筑的灰浆。有些也用来包装和如厕。刘大鹏在世时，刘家并没从事造纸，但是造纸业是他们日常生活的场景。一年中的大多数时候，村子周围堆满了要被打成纸浆的麦秸。从早到晚，全村处处都能听到打浆时脚踏板的声音，纸不仅被贴到山脚下一个专门的晒墙上，也贴在各家各户的墙上。造纸构建了家庭的角色分工：男人负责到河里清理纸浆、踏搅拌机以及从纸浆中拖出模子做成纸板此类繁重的技术活，女人、孩子和老人则负责把纸贴在墙上晾干。村里的小货店接受用纸张交换货物，于是纸也成了某种货币。对穷人来说，潮湿天气是灾难性的，因为这意味着纸张的风干会受到妨害。有人讲到他的祖母无奈之下，将一叠纸架在火炉上烤干，刘大鹏也曾记录从刘家地里偷玉米的贼首正是一个因雨水而没有饭吃的造纸工。造纸甚至改变了历法。在秋天，整个村庄充满了愉快的谈话，那时造纸的人家互相帮忙重新粉刷晒纸的墙。到了春天，为了祭祀纸神，村里要举办最重要的庙会，嫁出去的女儿和朋友们纷纷回来，村里按照造纸大缸来分担费用，即使那些不从事造纸的人也会参与其中。①

赤桥也有明矾场。明矾是一种化工制品，用在灰浆里，作为与染料结合的媒染剂，也用在烹饪里。可以用来生产明矾的页岩

① 刘大鹏：《退想斋日记》，第 32、46—47、193、210—211、486 页；刘大鹏，《晋祠志》，第 143—149 页；1997 年 9 月 8 日、10 日、11 日对赤桥村民的访谈；1999 年 9 月 6 日，2001 年 7 月 28 日对刘佐卿的访谈。

层在煤层附近可以找到，一般和煤一起挖出来。1919 年的调查显示，平原周边的村落都在生产明矾。赤桥的明矾场于 1851 年建成，但是这一工业至少可以追溯到 16 世纪。明矾生产需要藏有明矾的页岩，还需要大量的煤和水。有两种生产明矾的方法，产品质量也不同，都需要在水里煮页岩，加入硝石，随后把溶液排走，让剩余的物质结晶，结晶后则被取出，放入干净的水里分解，再次结晶。整个过程持续几个月。尽管页岩非常便宜，产品却很贵。事实上，明矾如此价值不菲，以致运送的独轮车后面总跟着一个人，专司防止过路人偷一把。第一次世界大战导致人们无从进口明矾，结果它的价格一路飙升。战前，能生产漂亮的红色、蓝色和绿色染料的德国苯胺曾在每个村里小贩的布袋里兜售。当这些随着战事的爆发而变得不可获取时，靛青植物的种植复苏了，商店销售山西本地的手织物，明矾销售也快速增长。战后，价格还走高了一段时间，但是 1925 年阎锡山加入中国的军阀混战，工业因为硝石价格上涨而遭到重创。赤桥南边几里的山边生产制造火药的硝石。纸、明矾、硝石是当地很多种工业产品中的几个例子。赤桥专门从事造纸业的人口比例罕见地高，但这却是典型的乡村工业专门化的例子。①

---

① 刘大鹏：《退想斋日记》，第 312 页；刘大鹏，《晋祠志》，第 1308 页；《太原府志》，第 59 页；《山西矿物志略》，第 525—526、542—549 页；《北华捷报》1914 年 11 月 21 日，第 618 页；1917 年 9 月 20 日，第 729 页；1917 年 12 月 15 日，第 661 页；《清源县志》，卷 10，第 17A。参阅史建云：《商品生产、社会分工与生产力进步——近代华北农村手工业》。

　　刘大鹏的生意得以起步仰仗的是他的声望。1914 年，刘大鹏赋闲在家，由于他在当地声望很高，人们请他去整理石门煤窑的财务。窑主两年前去世，留下的孤儿寡母无力经营，自此之后，煤窑就一直亏本。石门是紧挨着赤桥的山谷里最大的煤窑。据说它始建于 16 世纪，到刘大鹏接手时，从矿井里往外运煤的牛有二三十头。两年后，其年产煤达到七千吨。刘大鹏解决了煤矿的债务，随后矿主请刘大鹏参与经营煤矿，年薪 176 两，这远超过他当塾师的收入。饱读诗书、对财务感兴趣、正直的名声都让他成为类似情况中受人信赖的中人。正如他孙儿所言，人们请他是因为他热情公正，也因为别人敬重他。他之所以接受这份工作是为了照顾孤儿寡母作为理由来说服自己，刘大鹏也确实保证了他们能收到煤窑的收益分成。第二年，他决定入伙，可能是希望比工资赚得多些。刘大鹏并没有足够的资金成为合伙人，他推荐的窑头——也是赤桥人——和其他一些人每人出一小笔资金，凑成了他的入伙费。刘大鹏并不能偿还这些资金，投资者们之所以相信他，完全是靠他正直的声誉。最后的安排是刘大鹏提供三分之二的资本，煤矿主人投入牛和工具，算作另外的三分之一，利润也照此划分。煤窑的日常管理仍然由两个窑伙维持，一位是刘大鹏的赤桥朋友，另一位是来自山村的盲人，负责算账。实际上，刘大鹏变成了投资者的代表。此后十四年，每到冬季采煤时节，他大抵每月都会去煤窑两次，停留几天，有的时候，尤其在春节前，他会逗留稍久一些，因为年底要处理生意上的债务往来。1919 年，他那个掌柜朋友病了，刘大鹏常到窑经理窑务。他可能偶尔也干些杂活：有一次他在日记中写道他赶病牛下山，结果牛倒地毙命了。但是他的大部分工作似乎还是和伙计讨论事务，监督账本，偶尔也下窑巡视。[①]

石门煤窑利润可观。多年后，刘大鹏丢了合同，他宣称在煤窑的资本投入相当大，"人人皆知利得丰厚"。[②] 刘大鹏是非常幸运的，因为他进入这个行业时，这个行业还处于利润尚丰的阶段。新的现代工业，例如火柴、面粉、电力正纷纷兴起，为煤炭提供了额外的市场需求，有一个太原县的窑主要出售煤炭给同在太原的新电厂。但是多数太原县产的煤并不适合现代工业，因此多用在传统工业和取暖方面。一战爆发时，许多产品无从进口，这刺激了国内市场：正如之前提到的，德国染料不见了，明矾生产就回暖了；进口的火柴不复存在时，省里唯一的火柴厂就突然开始盈利，以至于相继成立了另外两家火柴厂。这类小规模的地方工业从未和大规模的传统票号和货栈取得一样的利润，但是它们确实为像刘大鹏这样的人提供了工作机会，他们因政治变迁而失去在私塾、票号和贸易方面的工作，比如刘大鹏在石门煤窑当伙计的朋友，之前是在晋祠票号工作的，而票号 1913 年倒闭了。一战结束后，欧洲的出口需时间才能恢复，因此 1914 年到 1925

---

① 刘大鹏：《退想斋日记》，第 177、195、399 页；刘大鹏：《退想斋日记（手稿）》，民国三年（1914）正月初十日，民国三年（1914）五月十二日，民国三年（1914）十月二十七日；刘大鹏：《晋祠志》，第 1103；页《山西矿物志略》，第 111 页；2001 年 7 月 28 日对刘佐卿的访谈。

② 刘大鹏：《太原现状一瞥》。

年刘大鹏经营石门煤窑的那段时间，几乎是煤业持续扩张和利润增长的时期。更进一步的原因，1920 年，位于平原另一侧也以煤业为主的平定县曾有一场严重的饥荒，类似于造纸工从河南来到赤桥，平定的矿工也迁移到他们可以谋生的地方，他们很多来到太原地区，这降低了劳动力价格，让煤窑利润更多。省会和作为铁路交通枢纽的榆次都逐渐繁荣起来，这也相应扩展了消费市场。到 1921 年，太原县的煤窑主积攒了相当的财富，他们重修了县城的煤神庙并邀请刘大鹏来给新塑的神像点睛。刘大鹏婉拒了，但是答应出席这个仪式。[①]

意识到煤业能养家糊口，刘大鹏进一步追加了投资。其中，第一笔投向西平煤窑，虽然这个窑已经因挖得太深而并不高效，但仍然算得上当地规模大的浮矿，且出产的煤质量较高。1918 年的年生产量据说价值 320 万元（此时银元已经是当地货币的标准单位，价值也几同于一两银子）。窑主是武广文，家住在附近的一个山区。他同意与刘大鹏及他的另外两个朋友杨卓和郝六吉签订五年的合同，利润一半归矿主，一半归签约人。这一次刘大鹏仍旧无钱投资工程，他在日记中注明是杨卓和郝六吉替他把钱筹齐。他们为什么要这么做呢？投资的数量不算少，并且没迹象表明他们期望刘大鹏参与煤矿的日常管理。杨卓和郝六吉都是晋祠

---

① 刘大鹏：《退想斋日记》，第 188、288 页；《山西矿物志略》，第 111 页；太原西山矿务局，第 13—16 页；《北华捷报》1923 年 12 月 22 日，第 816 页；1924 年 7 月 5 日，第 11 页；刘建生、刘鹏生：《山西近代经济史》，第 327—348、262—264 页。参阅 Wright（丁莱特），*Coal Mining in China's Economy*, pp. 97-101。

人，与采煤业渊源颇深。杨卓也是另一座大煤窑的窑主，他家经营煤窑的历史至少有百年之久。郝六吉似乎是一个职业的煤窑经理。两人与刘大鹏过从甚密，在晋祠修缮纷争时，他们都支持刘大鹏，但是他们之间没有亲属关系，两人也在其它工程上合作，而刘大鹏并没有参与。考虑所有这些情况，似乎杨卓和郝六吉邀请刘大鹏参与这个工程主要是因为他的地位和声望。可能他们需要刘大鹏订立最初的合约，或者希望他能影响煤厘。又或者，如石门煤窑的情况，刘大鹏可能也集合了一些小投资，自己监督。所有这些可能性表明他们希望利用刘大鹏践行儒家典范带来的声名。①

往后的岁月，刘大鹏可能也投资了汇沟的明矾场以及大关、其瓦东和后瓦的煤窑。正如其他明矾场，生产明矾的必需品硝酸钾价格疯涨后，汇沟在 1925 年也在劫难逃。面对这场危机，刘大鹏陈述了自己作为管理者的立场后，拒绝了其他投资者撤资的要求，结果和他们产生了一场旷日持久的不快争辩。随后在 1920 年代末期，刘大鹏和石门煤窑解约，窑主收回了管理权，另外当

---

① 刘大鹏：《晋祠志》，第 1202、1234、1370、1379—1381、1454、1556 页；刘大鹏：《退想斋日记》，第 264、462 页；刘大鹏：《退想斋日记（手稿）》，民国四年（1915）八月二十一日，民国十五年（1926）四月初七至四月十四日，民国十五年（1926）五月二十六日；《山西矿物志略》，第 111、381 页。从官方的角度看，银两比银元更值钱，但是两者对铜钱都是浮动的，并且它们都受通货膨胀的威胁。刘大鹏记载一两银子在 1914 年兑换 1700—2200 文；1922 年，一元大洋换 1748—1830 文（刘大鹏：《退想斋日记》，第 195、298 页）。

他和西平煤矿的合约到期时，该煤矿就关门了。此后，刘大鹏投资于大关煤窑。这次，他的任务更直接：窑主之所以邀请他，是希望能通过他的地位和关系提供投资和庇护。他还继续着和其瓦东煤矿的合作，窑主是杨卓，由郝六吉经营。最后，他从女婿那儿借来 100 元入股其瓦东煤矿。但到此时，地方经济衰败了，这些投资没有一个能和石门的利润相媲美。

刘大鹏几乎没有什么钱可以投资煤矿。他当塾师赚的钱已经置地，供儿子们读书。他悲叹他没有足够的资本，限制了他做生意的获利。但是即使他缺少资本，他在煤业的经营也成功地养活了他的家人。他在 1920 年代的持续投资表明商人的儒家自我表现依然如故，即使这些道德已经和地方政府脱节。令人信赖的品质——和商业信用依旧相关——成为联结道德和商业的核心环节。"信"是儒家的一个核心价值，刘大鹏在晋祠修缮发生纠纷时的日记中满篇都提及维护众人之间信任的必要性。[①] 其中一篇写道：

> 子夏曰：君子信而后劳其民，未信则以为厉己也。信而后谏，未信则以为谤己也。盖信之一字，人生之本，处事接物须臾不可离者也。人一失信，乌能利有攸往乎。孔子曰：

---

① 我用"值得信赖"翻译中文的"信"。刘大鹏：《退想斋日记（手稿）》，民国三年（1914）四月十七日，民国四年（1915）二月二十九日；余英时：《中国近世宗教伦理与商人精神》，第 140—142 页；Lufrano, *Honorable Merchants*；McElderry, "Confucian Capitalism?"；Siu（萧凤霞），"The Grounding of Cosmopolitans"。

"人而无信，不可知其可也。大车无轨，小车无轨，其何以
行之哉。"垂教亦大矣。①

这两段话引自《论语》经文与注疏，刘大鹏准备科举时曾读过，
这些正说明在这一语境中，信任意味着为人真诚、取信于人。②

信也有商业信用的涵义。刘大鹏在当地的一个熟人注意到，
信用是本县最重要的道德，因为自十八世纪以来贸易的地位一直
很重要，而几乎没有法律手段可以用来确保还账。信对商业和票
号来讲至关重要，大部分交易仰仗信用，因为账单总是在季末汇
集清算，而商业信用又深深地依赖于个人声誉。③ 在和牛玉鉴关
于晋祠修缮产生争执时，刘大鹏曾劝服本镇商会的几位主要成员
帮助他管理黄国梁的捐助。当牛玉鉴控告他们时，商会会员和刘
大鹏一起上诉，说"总以名誉为第二生命，且商等蒙此不洁之名，
非但贻羞于商界，被众鄙夷，而且见恶于财东，深恐斥退"。④
纷争临近结束时，刘大鹏不无夸张地说，对他声誉的攻击摧毁了
他的"素日之信用"。⑤ 信用的重要性意味着真诚和正直的声誉在
集资经商时非常重要。刘大鹏缺少资金减少了他能在煤业中赚的
钱，但是即使他无钱，也能以此为生，因为财富不仅是某人所拥
有的金钱数量。从刘大鹏的例子看，正是邻里们决定了他有多么

---

① 刘大鹏：《退想斋日记（手稿）》，民国四年（1915）四月十二日。

② 《四书五经宋元人注》，第 80—81 页。

③ 刘文炳：第 288 页；张正明：《晋商兴衰史》，第 149—150 页。

④ 刘大鹏：《晋祠志》，第 1611、1613 页。

⑤ 同上书，第 1598 页。

值得信赖，因此他才能获得多少信用。①

刘大鹏正直的声誉虽然基于他的教育，但也是通过不断地在商业和其它纠纷中充当中人而建立起来的。张资深就是典型一例。他家住在离赤桥不远的村子，在向南数里一个叫清源的地方做生意。刘大鹏曾经是他儿子的先生，刘大鹏的长子刘玠娶了他家的女儿。1914年张资深的粮店因大额债务而倒闭，张资深被一个债主投入监狱，毫不奇怪的是他第一个反应就是请人找刘大鹏来设法把他保出来。刘大鹏请了一个人去作保，张资深因此才被释放，随后刘大鹏的任务就是尽力让债主们同意和解。那几个月里，他经常去清源，和那些债主们碰面、吃饭，劝他们同意和解。最终，他成功地说服他们同意张资深只偿还欠款的六成。刘大鹏做这些事时乐在其中。其中的关键是中人不应收取报酬，因为金钱会损害他正直的声誉，但是他得以在各种和张资深有生意往来的店铺里徜徉。他也在那里吃饭，日记里满是他如何被款待以及他感到多么惬意。当他不和债主会面的时候，他会步入山中，欣赏美景，或者去听戏、看木偶剧。所有这些愉快的经历都是走出繁重的田间劳作的一种解脱，因为整个夏天的其余时间他都在抱怨耕田之苦。调解要想起作用，关键是中人的裁决不能出人意料，而且要建立在所有关涉人员都接受的价值之上。与此同时，中人的威信至关重要，因为正是威信让相关各方很难拒绝他的妥协提议。因此，调解的过程再次印证了刘大鹏的价值观和他

---

① 参阅 Muldrew Craig, "Hard Food for Midas"。

的社会地位，这都让他感到快意。①

刘大鹏花了更多的时间调节经济纠纷而非家庭纠纷。或许一直到 1920 年代，他的价值观在商业而非家庭语境里更易被接受。当然，他解决一对叔侄分家纠纷的记述暗示了他在家庭问题方面的观念过于严苛而用处很小。在这个例子里，他只是简单地敦促叔侄继续以一个大家庭的形式同居于一处。但是刘大鹏之所以调解了更多的经济纠纷似乎也因为他对会计感兴趣，且有一定程度的财务天赋。他在太原城里的书院学习时，就对地方政府的财政感兴趣，作为县议长的他也主要关心财政和会计。地方政府与商业使用的会计制度互有联系，刘大鹏的商业活动的大部分也和监督账目有关。所有他打交道的业务和机构都记录收支，年终时必须核算账目，并为利益各方确认。牛玉鉴让刘大鹏火冒三丈的事正是在晋祠修缮中，刘大鹏和其他管理委员会的成员未被邀请参与账目核算。他曾写信给县长，指责牛玉鉴未使账目经过适当

---

① 刘大鹏：《退想斋日记》，第 156、188、193 页；刘大鹏：《退想斋日记（手稿）》，民国三年（1914）六月初五至初六日，民国三年（1914）七月二十五至二十六日，民国三年（1914）七月三十日，民国三年（1914）八月初一日，民国三年（1914）八月二十一日，民国三年（1914）九月十八至二十一日，民国三年（1914）九月二十三日，民国三年（1914）十月初一日，民国三年（1914）十月初一日，民国三年（1914）十月初六日，民国三年（1914）十月初九日。有关调解请参见 Martin C. Yang（杨懋春），*A Chinese Village*（《一个中国村庄：山东台头》），pp. 165-166；Rosser Bockman, "Commercial Contract Law"；Philip Huang（黄宗智），"Between Informal Mediation and Formal Adjudication"。

的审核。① 而且，当账目在晋祠张榜公布时，每个人都看到花了多少钱，"凡见清单者，莫不詈骂指摘。吾闻之而恧然生惭悔，与若辈同事，致使声名扫地，而若辈置若罔闻"。② 同样，刘大鹏代表股东参与商业活动意味着当年终查账以及有差额要平掉的时候，他必须在场而且能够理解正在讨论的事情。此后发现的任何错误都会直接影响到他的声誉。

对充当中人的刘大鹏来说，精通商业会计显得意义非凡。他在日记中提到他所作的调解时，公平的经济分配常常是中心问题。如1926年春天，有一间尚存的晋祠票号老板为了重组业务，想要解雇三个老掌柜，掌柜们请刘大鹏去为他们撑腰。刘大鹏花了几天时间和票号老板商量让掌柜们辞职的条款，包含相当于半年薪水的解约金和将应得的红利一次付清，这些红利通常是根据能力和资历发给老掌柜。尽管刘大鹏敦促掌柜们莫要去争吵，但是他的大部分记录都是对退休条款的协商。另一例是刘大鹏调解另一间晋祠票号合伙人之间的纠纷，这次票号的现金账目和店铺摆设都要被拆分。那天夜里他突然醒来，意识到自己错估了利润，给其中一位合伙人多分了。他反复思量了这件事情。第二天清晨，他写信解释这个问题，主动承担责任，并言称感到自己丧失了道德权威，并且请求从合约中除名。此例尤其清楚地表明，

---

① 刘大鹏：《退想斋日记》，第228页；刘大鹏：《晋祠志》，第1552—1553页；Gardella（加德拉），"Squaring Accounts".

② 刘大鹏：《晋祠志》，第1554页。

无误的核算非常紧密地和他正直的道德感以及声誉联系在一起。[1]

刘大鹏被任命为县商会的领薪的执事，随后又被县煤窑主们选为新成立的煤矿事务公所经理时，他对当地商业群体的价值得到了认可。从 1915 年到 1916 年，商会请他处理棘手事务并参与普通事务的管理。他安排每月例会，记录了一系列问题的决议，从印花税的缴付规则到购买钟表（商会会议成为刘大鹏第一段用钟表计时的经历）。但是他大多数的工作是解决商会成员之间或者商会和地方政府的纠纷。其中最戏剧化的例子是，有一次，知事遵照上级的命令，决定关掉一家晋祠的票号。刘大鹏正因另一桩生意在晋祠用餐，他看到差役来宣布此决定，意识到这将不可避免地引起挤兑，可能最终会摧毁那间钱局，这对投资者将是一个灾难，刘大鹏到县衙劝说知事改变他的计划。随后他去了商会办公室，召开全体县商会成员会议，劝他们不要撤资。[2] 后来，刘大鹏抱怨县长不懂商务，也根本不顾忌其行动的利害。这听起来像是商人在抱怨官僚。另一方面，刘大鹏写日记时，也经常表现出一种独立于商业群体的姿态，当他被商会要求做很多事情

---

① 刘大鹏：《退想斋日记》，第 323 页。刘大鹏：《退想斋日记（手稿）》，民国十五年（1926）二月初一至初三日，民国十五年（1926）二月初九日，民国十五年（1926）二月二十日，民国十五年（1926）三月二十五日，民国十五年（1926）三月二十九日。也参见张正明：《晋商兴衰史》，第 142—143 页。

② 刘大鹏：《退想斋日记》，第 220 页；刘大鹏：《退想斋日记（手稿）》，民国四年（1915）九月初八日，民国四年（1915）十月初六日，民国四年（1915）十月二十日，民国四年（1915）十月二十四日。

时，他会抱怨"商人皆有依赖性"。①

　　1915 年刘大鹏为商会工作，由于他的身份和本地政府的联系，从某种程度上说他仍旧是一个受雇的外人，然而当他 1920 年代为煤矿公所工作时，他已成为当地经济体中积极的一员。成立煤矿公所是为了组成一个团体，对抗最富有的一批窑主控制税收分摊的权势，自其设立之日起，刘大鹏就参与其中。最初的一些讨论正是在刘家进行的，早期成员也都是他的朋友，刘大鹏的长子刘玠拟定了简章，刘大鹏起草了公告并让秘书誊抄。在这个煤矿公所成立之前，税收的分摊一直由县里九峪窑首把持着。1915 年，此公所成立不久，刘大鹏到柳子峪调查分摊制度。他们需要提出一个定额，然后根据每个煤窑拥有的运货车数量分配税收。柳子峪窑首已上报了整个山谷所有的运货车数量，但是很多人抱怨他腐败，数目有误。可能他的确已经收受了贿赂，将一些车藏匿在账外。于是，刘大鹏就住在一个大煤窑里，命令所有的小煤窑将他们的运货车带来让他检视。随后，他又去了其他的大煤窑，弄清楚每个煤窑有多少运货车。被政府认可、集体派出的巡视代表的性质，再加上刘大鹏的个人地位和广为人知的信誉，都意味着县长有可能不得不接受煤矿事务公所的数字，甚至要惩罚柳子峪的窑首。最后，公所负责订立缴纳煤税的商约，收齐后

---

　　① 刘大鹏：《退想斋日记（手稿）》，民国四年（1915）十月二十一日。商人活动和商人地位的区别参见 Pomeranz（彭慕兰），"Traditional Chinese Business Forms Revisited"。

交与官府。然而随着政府征收数额递增，收税变得越来越难。1926年，阎锡山因军需而强征的税款增长到让人无法承受的地步，刘大鹏请辞了。不过至此，刘大鹏先后在商会和煤矿公所的地位为他在商业领域树立了一定的权威。他也一定获得了经济上的好处：商会肯定给他付薪，参与煤矿公所分税则从另一个方面说明为什么尽管刘大鹏缺少资本但仍被邀请成为煤窑的合伙人。刘大鹏出任这些职务，正是由于他作为诚实儒家君子的自我展现，正直的声誉和由此带来的财务上的公允，以及与此相伴的对于财务和会计的关切。①

刘大鹏在采矿和煤业的经历与他作为儒家君子的自我展现有如此密切的联系，以至于他开始将煤业描绘成另一个仍旧尊重古老价值观的世界。在他自己参与煤业之前，他的日记中很少有关于群山或者采煤的记录，偶有数例也都是负面的。1896年时他写道：

> 西山一带，攻煤窑者甚多，往往暗害人命，朘剥受苦人之钱财，犹其余事。攻煤窑之家，动辄遭天殃，或瘐死狱中，或被人殴死，或妇女纵淫，种种恶报，不可胜数，为之

---

① 刘大鹏：《退想斋日记》，第214—215、219、331、333、341—342、349页；刘大鹏：《退想斋日记（手稿）》，民国四年（1915）六月十八日，民国四年（1915）九月二十日，民国四年（1915）十一月二十八日，民国四年（1915）十二月初一至初四日，民国四年（1915）十二月初九日，民国十五年（1926）九月初四日，民国十五年（1926）九月十一至十三日。

者只因求利，不计其祸福而终其身此中耳。[1]

刘大鹏自己参与到煤矿开采后，对群山的印象也改变了。甚至在检查煤窑、洽谈生意时，他开始把山区当作与世隔绝的世界，其居民过着简单的田园生活，古风犹存。1921年他积极参与采煤生意，并经常游览群山，这在县志中他对两个山峪的记述中体现得尤为明显。[2] 县志里刘大鹏描述了另一个世界，简单、自足的经济让他联想到黄金三代。刘大鹏描写到"男耕女织"这一分工如何体现了古时的生活方式及正当的男女之别。[3] 在另一个小山村，人们夏天耕种，冬天采煤。除了交土地税外，他们并无别业，因此他们并不担心税收增加或政治变迁。他说，这正是《诗经》中所称的"不识不知，顺帝之则"。[4] 这个引用提到了上古时期的文王之治，这也是儒家传统中时常追忆缅怀的时代。

山区世外田园的印象甚至被他用来描述做生意的地方。例如刘大鹏熟识的柴庄恰是武广文的家乡，而武广文是刘大鹏、杨卓和郝六吉在1915年到1926年期间合作经营的西平煤窑的窑主。1886年，武广文用300两银子创办这处煤矿，1918年煤窑产煤的市值是320万银元。[5] 然而，当刘大鹏描述柴庄的时候，他写到

---

① 刘大鹏：《退想斋日记》，第58页。
② 刘大鹏：《晋祠志》，第1077—1199、1201—1492页。
③ 刘大鹏：《晋祠志》，第1470页。
④ 同上书，第1123页。
⑤ 《山西矿物志略》，第381页；刘大鹏，《晋祠志》，第1202、1310、1380页。

此处如何让他想起有名的《桃花源记》，与世隔绝，浑然不知世事变迁。他写道：

> 人情俭朴，风俗敦庞，不知时事之新，不知世代之变，亦不知政局之更改，而内部逐鹿，其势纷纷；外人虎视，其欲逐逐，亦皆茫然不知，晋之桃花源，不过是也。[①]

事实上，与国家的疏离才是世外田园的关键特点。山区变成了逃离现代化国家政治的避难所，刘大鹏也醉心于山区百姓的泯然无知。他记载了山民们按照旧历生活，孩子也不去新式学校求学。偶尔，他也描述自己把外界的讯息带进这些与世隔绝的圈子，例如 1928 年开展猛烈的禁烟运动时，他造访某个村庄，向人们警示这项强硬的新政策。[②] 在刘大鹏的文章里，山区百姓生活节约，仅受四季变换和环境需求的支配。山民，不同于平原上的村民，生活不被现代国家的要求和压力所影响。刘大鹏对山村的描写突出了自然的重要，这也反映在他对山村中人际关系的自然和真实的感知。山区变成了桃花源：一个拥有自然、古老价值的地方，也成为一个适合吟咏的主题。

在刘大鹏的描述里，山区变成与世隔绝的田园世界，在这个过程中他也把自己描述为遁世的儒家隐士。如此一来，他强调，至少在他心里，他是一个学者、君子，并不是商人，但是他所做

[①] 刘大鹏：《晋祠志》，第 1375 页。

[②] 刘大鹏：《退想斋日记》，第 202、374 页；刘大鹏：《晋祠志》，第 1400 页。

的远不止于此，他事无巨细地描述他的生意往来。当他到山区调查账目、做生意的时候，他在日记中把山区刻画成一个仅存有基本的道德准则，私欲灭、天理存的地方。[①] 他说他在柳子峪的山石上发现一首刻诗，并誊抄下来，诗里把山区描述为高人志士归隐的地方：

> 新人欣喜旧人悲，世局于今更险危。
> 寻得山深林密处，崖皆峭石可栖迟。
>
> 官贪吏虐胜从前，盗贼弥漫界八千。
> 惟有山中颇静谧，重重苛敛且难蠲。
>
> 维新党派遍中华，角胜争雄乱若麻。
> 贤士高人都隐遁，卜居泉石泛烟霞。[②]

诗中的退隐山林体现了刘大鹏想要成为隐士的志向，这也延续了千百年来的古老传统，将归隐看作是仕途的一个值得尊敬的替代——在承平年代，人们可以认为隐士亲近自然本身就超越了官宦的政治参与，在乱世则更为如此。刘大鹏因采煤生意而造访的那些与世隔绝且道德纯净的山村世界与寡德无序的政府形成了鲜明的对比。

---

① 刘大鹏：《退想斋日记（手稿）》，民国三年（1914）十二月二十三日。
② 刘大鹏：《晋祠志》，第 1377—1378 页。

即使当刘大鹏写煤窑本身时，他的文字也渲染着这种想象。在关于石门煤窑的长诗里，他以对煤矿和明矾业的讨论开头。随后，他描写空中的烟、闪烁的灯、燃烧的火，也有在山顶飞翔的鸟儿，吃草的牛羊，歌唱的蝉虫，还有其他的自然美景。到了夜晚，几乎到处都是漆黑一片，但这里有油灯和火光照亮煤窑，矿工黄昏时下井，破晓时车夫把煤收走，这也是体现当地工业化水平的最为显著的特征。然而刘大鹏在诗中也将此视为自然风景的一部分，诗中后来描绘的山区美景也满是甜美的想象，到处都是奇异的生灵、明快的颜色、玉石和珍珠。在这奇幻的景象中，刘大鹏感觉到他好像随时都可能遇到那些黄金三代归隐之士。诗的结尾写道，"往来斯处久，蝴蝶梦庄周"。[①] 这暗指的是哲学家庄子梦蝶的故事——庄子看到一只蝴蝶，不知周之梦为蝴蝶与，蝴蝶之梦为周与？山峪和煤窑变成了梦境，这是刘大鹏长期认为的乱世中的真正道德秩序之所在。刘大鹏是一个已经从梦中醒来，到达了真正价值世界的人；引人注目的是，他觉得是在生意中造访煤窑时发现了这个世界。

然而，山西煤业当然不是一个脱离于现代化国家的田园牧歌般的世界，层层税收是所有煤窑面临的一个严重问题。1901 年开始征收煤厘，车夫从矿里买煤的时候，必须从那里取票，交给把守在从山区到平原路上的政府职员。税金多少和车载的大小有关：骡拉大车交 20 文，驴拉车或者小车 10 文，独轮车 5 文。只

---

① 刘大鹏：《晋祠志》，第 1135—1136 页。

有肩挑的挑夫可以豁免。刘大鹏对基督徒的唯一一次正面评价是，当一个信教的挑夫被抓时，他们一起把收税的人揍了一顿。此后，实际付钱的改为煤窑，这正是 1915 年新成立的煤矿公所如此关心所有大小车辆注册的原因。这些税收的税额经常增加：1919 年时，大轮运货车 30 文，独轮车 10 文。到 1920 年代末期，上缴县政府的税收增加到每年大约两万五千块银元。①

与此同时，其他税收也在增加。总体上说，省政府的税收收入在 1915 年到 1920 年代翻了一番还多。刘大鹏记录的新增税收就有酒、煤、合同、官书、结婚证、理发、演戏，甚至临街开门。印花税征收非常高效，以致来访的一位行伍之人对戏票交税的情况赞扬有加。刘大鹏认为这正说明民脂民膏化作了官员的酒肴。甚至曾有一个传言说养狗也要交税。政府的政策也要靠当地的罚款来支撑。给女儿缠脚的罚金是 3 到 30 个银元，同样买纳鞋的鞋底给那些小脚女人或者为她们说媒也会受罚；罚款用来支付那些去乡间查访缠足的女调查员的开支。在赤桥，村里鸣钟告知妇女们必须放足，但是刘大鹏很快抱怨道即使那些放足的妇女也要受罚，甚至会被关起来，直到她们补足了罚款。剪辫运动情况也类似：头发长一寸以上要被罚一块钱。刘大鹏自己也无法避免要剪掉辫子。禁烟运动也出现了横征暴敛和官府侵犯的事例。刘大鹏曾记录了一个流传的故事，讲的是除夕之夜士兵被派去挨户搜查，士兵们捣毁了某家的砖炕，发现里面藏有大量银子和烟

① 刘大鹏：《退想斋日记》，第 138 页；刘大鹏：《晋祠志》，第 1179、1221 页。

枪。然而他们又搜查了其他很多户人家，一无所获。[①]　除夕是举家团圆的日子，本应在喜乐祥和的氛围中迎接新年。士兵冲进家庭聚会，捣毁家具，偷窃钱财，这似乎成为国家暴力侵入地方社会的表现。对刘大鹏来说，这些运动毫无意义：人们无缘无故被骚扰，自然很愤恨。确实，正是在这样的情境中，刘大鹏提到了"虐政"——好像税收与干旱、火灾和洪水没什么两样。[②]

　　1925 年之前，税负仍在可忍受的范围之内，但是这一年山西都督阎锡山开始参与全国政治。在此之前，阎锡山利用山西易守难攻的天然屏障，使它免于全国很多其他地方那样生灵涂炭的战事。现在，他也开始尝试获取国家层面的权力，军费开支激增，政府无法满足。1926 年，省政府向太原县"贷款"1 万银元，年末进一步借款 2.25 万银元。工商业负担的捐款有百分之十落在煤窑上。此外还不断有供应军需的要求。太原县需要提供大量的马车、马匹、骆驼，也有粮草。当政府征用马车时，所有的马车都不敢上街，因此交通也陷入停顿。草料来自当地供给的麦秸，而正常情况下这本应是赤桥百姓造纸的原料。对地方工业的干扰也减少了当地对煤的需求。对每家每户的榨取偶有发生：1926 年赤桥每户人家要交 6.7 元，1931 年刘家被要求在三天内交 2.8 元

---

　　① 刘大鹏：《退想斋日记》，第 199、208、213、268、271—273、276、279 页；Gillin（吉林），p. 55；阎锡山：《阎伯川先生全集》，第 1503、1516—1517 页；熊希龄：《山西政治之面面观》，第 1 页；2002 年 8 月 7 日对刘佐卿的访谈。
　　② 刘大鹏：《退想斋日记（手稿）》，民国十四年（1925）二月初一日。

（大概相当于农民两天的收入）。农家也备受侵扰。1926 年，全年谷物税及其附加税，在春天征收过一次，秋天又加征一次。1932 年，谷物税如此之重，以至于谷店拒绝签订税约，因为几乎不可能收到全额税款。当农民、造纸工和其他人上缴大量税收时，他们被迫在它处减少开支，因此家庭取暖用煤的市场也深受其苦。1926 年年底，刘大鹏写道，没人购买米、明矾和纸，煤市也很萧条。从 1925 年到 1928 年，税收翻了一倍还多，但是即使如此，政府还是入不敷出，因为开支增长更快。辛亥革命后，阎锡山曾努力将所有银行业务集中在他的山西省银行，不断阻止其他银行发行、流通货币。如今，省财政赤字增加，他通过山西省银行印发钞票来应对，这引发通货膨胀和经济危机。[①]

　　这些问题在 1920 年代末和 1930 年代冲击到煤业，省政府为了表现其革新的决心，更加关注拯救大型现代煤矿，同时牺牲掉了很多小煤矿。从一开始，推动工业化的政策就倾向于大规模、重机械的企业，而非现存的农村工业。这在太原县的煤业尤其明显，而这里小型的人工煤窑可能比大型的、投入很多资本的煤矿利润更丰厚。对现代化感兴趣的窑主喜欢开采深的竖井，而非常见的浮矿，后者水平进入山体。这些竖矿对现代化者颇具吸引

---

　　① 刘大鹏：《退想斋日记》，第 318、322、330—331、337、358、362、424、460 页；刘大鹏：《退想斋日记（手稿）》，民国十五年（1926）七月初四日，民国十五年（1926）七月二十六日，民国十五年（1926）十一月初一日，民国十五年（1926）十二月二十三；Gillin, pp. 110, 116；杨蔚：《山西农村破产的原因》。

力，因为这可以开采那些优质的煤层，可供现代工业之用，甚至用以出口。在县里这并非新见，但并不普及，因为人们都知道竖井无法和更便宜的浮矿竞争。刘大鹏记述了一个故事，讲的是自平原来的一个富人，在 1880 年代愚蠢地开了一口竖矿，煤质量好且数量多，但开掘竖矿的开支和雇人开滑轮拉煤到地表的费用非常大，煤矿的利润难以达到所投入资本的一半。同样的问题也困扰着在 1900 年代开竖矿的现代化者。晋丰公司是由两个来自华东的人开设的，投入大量资本，旨在开采优质煤炭。三年间，在山里掘两口竖井就花了一万两，一个是为了采煤，一个是为了通风。采出来的煤质地坚硬且品质良好，但是煤井过深，导致通风很差，一年中发生了几场火灾，很多人因此丧生。为防止井内积水，煤井每天要抽出四千罐水。煤矿运行了二十年，但是从未盈利，最终废弃了。同样的问题也困扰着其它形式的资本投入。1916 年，一位广东人在某个山峪里收购了一座大煤窑和明矾矿，他决定用人推的轨道和小车来取代运煤和页岩到矿口的牛。此举节省了买牛的费用，让刘大鹏印象深刻，但是他也怀疑此矿主能否收回从天津购买轨道和小车的费用。煤业的高度资本化总是问题重重，因为窑里的煤最终会被挖完。在太原县，煤窑经常在挖完之前就关掉了，因为时有水灾和瓦斯爆炸。尽管死伤众多，晋丰公司在这种情况下仍然继续运作，因为已经投入了巨额资本。在其它地区，高度资本化的煤窑会有收益；不过太原县的地理让其无利可图。丰富的煤储量和较为容易获取意味着它们总是要和

那些投资小、要价低的煤窑主竞争。^①

在这种情况下，政府颁行新规，旨在奖掖改革者的现代化梦想。政府宣称所有矿产都归政府而非拥有相应地皮的人所有，从1919年始，所有煤窑开采之前必须注册。这要耗资200银元，并且要提交开矿所在地的详图，还有其他很多文件。另外，注册煤窑要交额外的税种。当时并没有强行要求小煤窑注册。之后的1932年，随着大型煤窑的利润剧烈下降，所有的煤窑无论大小都必须注册，没有注册的窑主会被押到县政府。刘大鹏提到小煤窑注册需要交70元，此举目的在于挤掉小煤窑，使大煤窑得以销售其产品并控制市场。直接的后果是第二年所有的小煤窑都倒闭了，导致了大范围的失业。接踵而至的贫困迫使部分县政府请求省政府允许小煤矿重新开张。省政府的妥协方案暗示了刘大鹏对政策目的的控诉是正确的，它同意小煤窑可以重新开业，但是仅仅局限在路差、贫瘠或者没有探明储量的地方。进一步，小煤窑经营的前提是他们不能影响大煤窑取得利润。^②

政府针对小煤矿的条例让他人对煤窑的非法盘剥变得容易。

---

① 刘大鹏：《晋祠志》，第1243—1244、1247、1388页。参阅Wright（丁莱特），pp. 33-35, 147。在邻近的阳曲县，到1935年为止，只有小规模的使用土办法开采的煤矿盈利。参见赵卜初：《阳泉煤的不振兴统治》。

② 刘大鹏：《退想斋日记》，第281、474—475页；刘大鹏：《晋祠志》，第1339—1341页；刘大鹏：《太原县现状一瞥》，"不咎煤窑注册之经历"；《山西矿物志略》，第611页；山西省档案馆，档案号B30/3/119，第6页；赵炳麟：《矿土测绘须知》。

面对无法满足的税收要求，刘大鹏从煤矿事务公所辞职，此后接替他的是一位完全不同的人物，叫戈瑞，来自省外。刘大鹏用最坏的词语来形容戈瑞，因为他通过吗啡发了一笔大财，然后用这些钱收购了本地最大的三家煤窑。刘大鹏向县政府请愿，称戈瑞利用自身地位，强迫小煤窑注册，并且拿注册费中饱私囊。他也许收受贿赂而对某些小煤矿睁只眼闭只眼，也许多收了注册费。1920 年代和 1930 年代在农村地区掌权的人中，这样行事的人非常典型，因为此时政府的横征敛财意味着地方贤达并不希望卷入其中。此例也暗示了这一进程与政府压迫农村工业的互动方式。①

　　利用自己严苛的道德声誉，刘大鹏在地方商业社会中谋得一席之地，并借此在十多年间养家糊口。然而到 1920 年代末，商界已濒临破产。受辛亥革命和俄国十月革命的影响，与蒙古之间的边境贸易消失，这导致山西从一个主要的贸易通道变为与外部隔绝的腹地。随着俄国在 1920 年代加强对蒙古的控制，那里中国人开的货栈大部分也都倒闭了，而其中大部分都是山西人经营的。根据山西的统计，1924 年在蒙古有 470 家中国货栈，1925 年仅余 270 家。山西的贸易整体上处于衰落之中，而失去清政府的资助，山西票号已然被摧毁。乡村工业受益于一战，但为立志于现代化的省政府的增税与追求工业发展所害。几乎所有的赤桥造纸业都因金融危机侵蚀其销路而负债累累。

---

　　①　刘大鹏：《晋祠志》，第 1339—1341 页；刘大鹏：《太原县现状一瞥（手稿）》，"催绥靖"，"恳请山西省政府提案会议之条件"各章；杜赞奇。

到 1930 年代初期，很多原本由本省的工商业养活的农村人口陷入贫困，刘家也未能幸免。他们在煤矿的投资收益越来越少。刘玠过世，家里还要供养患精神病的刘瑄。唯一有不错收入的儿子是刘珽，他那时受黄国梁的恩惠，在省城军队里任书记员。两个小儿子刘珣和刘鸿卿都在小学教书。刘鸿卿之前因家境日艰无法去中学上学。刘大鹏的三个成年的孙子有两个离开了本省，一个在当西医的舅父那里做学徒，一个在军队里当司机。另一个孙子在省城工厂里当工人。相比 1914 年刘大鹏开始经营煤矿之时，有更多的家庭成员受雇于人，但是其中数人薪资微薄，无力寄钱回家。因此，刘家最后只能靠他们仅有的一片耕地度日。①

---

① 刘大鹏：《退想斋日记》，第 399、426、497、500 页；杨蔚；英桂，第 13 页；1999 年 9 月 6 日对刘佐卿的访谈；1999 年 8 月 3 日对郑湘林的访谈；1999 年 8 月 4 日对赤桥村民的访谈。

第六章　老农

　　刘大鹏经营的煤窑每况愈下，刘家的小片农田就变得更为重要了。19 世纪 90 年代，刘家有一亩半地，刘父又用刘大鹏教书的不菲收入购置了更多的田地。1902 年，由于干旱和《辛丑条约》之后科派赔款带来的饥馑，地价很低，于是刘家又购置了一亩半田地。到 1926 年，刘家共有六亩地，包括适种稻田和宜种小麦的灌溉田，另一些则是只能用来种小米的旱地。然而，因大部分刘家成年男子都外出务工，可能的劳动力就仅限于年近花甲的刘大鹏和他 17 岁的孙子全忠、12 岁的孙子金忠。在秋天小米收获的时节前，多数村里的妇女是不出门劳作的，刘大鹏的妻子和媳妇们甚至足不出户。以当地农业的强度来看，六亩地让刘大鹏和他的两个孙子来种，显然应付不过来，而为了地尽其用，刘家把大部分田地租给他人，只留大约一亩半由自家耕种。对劳力要求颇高的高产稻田早已租给邻村的郭凸小十年有余了。当一个赤桥村民想以更高的价格租种这块地时，刘大鹏拒绝了，他觉得如果郭凸小无田可种，他就无法养家糊口了。尽管这暗示了郭凸小并不富裕，但言词间表明这并非郭凸小耕种的唯一的土地。他也提到另一块六分之一亩田地被另一佃农撂荒，这表明租种刘家田地的人也租种或拥有别的土地。刘大鹏在自留地上种了小麦、小米和蔬菜。①

终其一生，刘大鹏在农忙时节都会偶尔帮忙干农活。在他进京赶考的 1895 年，遇到收获的时节，他也和长工一起下田为冬小麦犁地。有个人冲他喊道："此某某也，尚在田中耕种，毋乃不类乎？"刘大鹏回答："言者是不知余之所以然也。余家以耕读为业，不耕则糊口不足，不读则仪礼不知。"② 那个大叫的人看到刘大鹏在田里显然非常惊讶，他的评论暗示了读书人可能体弱，因而不习惯繁重的农耕劳作。当然被认为因太高贵而不适合耕种（即使你不得不耕田）总比人们因贫穷而鄙视你更好。然而像中武举的父亲一样，刘大鹏自己体格强壮：刘大鹏一生中都因自己的强健而骄傲。很多年后，他和乡绅一起游览山中石雕。其他所有的老士绅在最后一段路都得他人扶持上山（遭人厌恶的牛玉鉴甚至拒绝登山），但是刘大鹏则强健得多，他愉快地写道，"惟刘友凤策杖徒步而登，如履平地，亦不用人扶持，金谓刘某年已七

① 刘大鹏：《退想斋日记》，第 44、107、343 页；刘大鹏：《退想斋日记（手稿）》，民国十四年（1925）二月二十五日，民国十五年（1926）九月十八日。1925年，刘大鹏承担 41 亩地的赋税。有关晋祠及其周围四个邻村的土地价值，参见冯和法，第 726。对于山西亩和公顷的转换，参见 Buck（卜凯），*Chinese Farm Economy*（《中国农家经济》），p. 21。

② 刘大鹏：《退想斋日记》，第 45 页。

十，相偕之人未七十，反莫若刘某之强健"。[1] 他将此归功于他多年在山间行走，但是一生的农耕生活似乎也功不可没。辛亥革命后，即使他主要的收入来自冬季煤窑，夏天他有时也下地耕田。

当冰雪融化，山间小路不能承受沉重的煤车时，煤窑的工作就结束了；同时冰雪融化也意味着农耕的开始。农民的首要任务是犁地施肥，使其适宜耕种。刘家也许能得到煤窑运煤的牛的粪便，但是大部分肥料还是自家茅坑里积存一年的人粪。像刘家一样，门朝着村中那条大街的家家户户都在路边建有茅坑，这样既方便使用，也为吸引路过的客人。坐落在赤桥北边几里路的小村落晋丰，同一条大路延伸至此的一小段就有三十几个茅厕。一位讲卫生的过路人评价道，此路沿线的村庄，雨天时，厕所里的粪便都溢出来，天旱时则臭气刺鼻。挑粪和撒粪都是繁重的体力活，1926年——刘大鹏晚年非常典型的一年，刘大鹏雇佣了一个叫枣花儿的人帮工施肥三天。如今赤桥无人还记得这个人，这意味着他肯定不是本地人。很多外来的短工想找一天的活，于是清晨他们会拿着工具在桥边聚集，那里位于刘家门前大路的尽头。周围村子的农民会来雇他们。农忙季节，那里找工作的人会多达两百。刘大鹏喜欢早上去那儿了解当天的工钱，不过那年春天，他确实想雇一个能为刘家做完整个忙季的长工。但是，1926年阎锡山的军事扩张到了顶点，以前做长工或短工的人都应募当兵

---

① 刘大鹏：《晋祠志》，第1327页。

了。除了撒粪，地里的活还算轻，于是刘大鹏就让他的孙子们帮忙清理田地，准备犁地。①

犁地、播种小麦是春天第一道主要的农活。多年前，刘大鹏曾描述了这样一幅场景：新雨过后地面湿润，"笠影掀翻新雉陇，犁声格桀旧（此处缺一字）塍。丁男戴未忧粗解，子妇挥锄力不胜。叱犊冲开云雾路，红光掩映日初升"。对于刘大鹏和他的孙子们，农活过于繁重，因此有两个邻居来帮忙。他们本应得到报酬，但是他们乐意来帮忙，这将让他们获得其他的好处。（那年的晚些时候，其中一个人再次出现在刘大鹏的日记里，这次他是来讨要一个处方，为了救服鸦片过量的妇女。）同时，刘大鹏和两个孩子也来帮工：种一小块豌豆、西红柿、山药和玉米，修缮浇灌的沟渠，为上一年秋天种的冬小麦灌溉。去年，刘大鹏就曾指出，尽管年老力衰意味着他只能做轻活，但和那些以一半工钱受雇于人的短工比起来，他仍是个好劳力。②

最终，农忙开始一个多月后，刘大鹏设法雇了一个叫王老四的熟人。其实，这是王老四为刘家种地的第四年，他冬天回到了

---

① 刘大鹏：《退想斋日记》，第 263、318 页。刘大鹏：《退想斋日记（手稿）》，民国十五年（1926）正月二十九日、民国十五年（1926）二月初七至十二日；《山西日报》1919 年 9 月 10 日，第 3 页。

② 刘大鹏：《退想斋日记》，第 318 页；刘大鹏：《退想斋日记（手稿）》，光绪二十七年（1901）三月二十四日，民国十四年（1925）年三月十二日，民国十五年（1926）二月初十日，民国十五年（1926）二月十五日，民国十五年（1926）八月一日。参见 Martin Yang（杨懋春），p. 28。

位于平原另一侧乐平县的家乡看望兄弟。刘大鹏偶尔称自己"老农"，但是他唤王老四这样的长工为"受苦之人"，这些人也如此称呼自己。对于王老四，刘大鹏常怀悲悯之情，因为王老四无地，只能自己养活自己，也更因为王老四没有妻子、孩子。像大多数穷人一样，王老四一直没钱结婚。王老四已为刘家种了几年地，因此他知道该做什么，假如必要时，刘家会委托他去多雇一个短工。刘大鹏很愉快的写道，"予一为指挥，即能应声而往办，予得多日不赴田也"。①

他们种的主要是小麦。小麦做的面条并非家里的主要食物，但是面条是人们喜欢吃的。大多数家庭的田地都由晋水浇灌，在种完一茬小麦之后，同年还可以接着种小米。和小米比起来，小麦颇有优势，因其所需劳力较少。在山坡上，只能种植小麦。除了小麦，刘大鹏也种些蔬菜。这似乎是在实验。以往，他在所有的地里种小麦，这既容易，可能也更实惠；人们认为种菜是专业化的劳作，而且蔬菜可以在市场上买到。然而到1926年，省里纸币的波动让农民们更想自给自足，刘大鹏决定在家里的田地种些蔬菜，包括豌豆、玉米、黄瓜、绿豆、辣椒、萝卜、葱、小萝卜和三种白菜。他还买了一大捧棉花籽，计划试种一小块棉花。棉花种子必须在水里浸泡几天，在下种前必须和肥料混合。即使

---

① 刘大鹏：《退想斋日记》，第262、279—280、320、322—323页；刘大鹏：《退想斋日记（手稿）》，民国十四年（1925）九月十二日，民国十五年（1926）七月三十日；刘文炳，第150页。

开始生长了，它们也需要很精心的料理，因此种棉花是件麻烦的事情。习惯上，山西地区并不种棉花，但是省政府积极地鼓励植棉。和其它作物比起来，棉花的利润也丰厚得多。[1]

除了犁地播种，赤桥的农民们也忙着灌溉他们上年秋天种的冬小麦。整个冬天都没有下雪，若没有水，这些没长好的农作物会死掉。晋水的一条支流穿过该村，每年此时，农民们可以随时用河水灌溉。刘大鹏和孙儿们清理疏浚河道，让河水流进田里。稍后，当各家各户的农作物都在生长时，各村通过制度严格控制河水的轮流使用。一些不幸的村庄只能在夜里用水：关于该地区的一本小说描写了夜里下山的人看到灯火在田间闪烁，那正是农民在灌溉庄稼。[2]

1926 年，霜冻毁掉了玉米苗，臭虫吃了棉花，但是到了五月间，他们又重新播种了两块地。前一年冬天储存的蔬菜吃完，地里的新菜也已经成熟，可以吃了，刘家人盼望着从单调的冬季食物过渡到多样的夏季食物，因为冬天只有谷物、根茎类植物、白菜之类的。刘大鹏高兴地写道，从地里摘了两担新鲜的蔬菜，挑着担子分送给朋友们。同时，冬小麦也长势喜人，王老四正在麦田间种小米，刘大鹏则为他清理土地。他们也忙着疏苗和锄草，

① 刘大鹏:《退想斋日记》，第 324 页；刘大鹏:《退想斋日记（手稿）》，民国十五年（1926）二月二十四日、民国十五年（1926）二月二十九日；《北华捷报》1920年 1 月 3 日，第 17 页；《太原县宪政十年简史计划案》（页码不详）；Sands,"Agricultural Decision-Making under Uncertainty" p. 357.

② 慕湘:《满山红》，第 477 页。

这可能要花上整个夏天。当农忙时，刘大鹏觉得若没有短工，他不能把农活都交给王老四一个人，因此经常亲自帮种。锄地、播种、疏苗都需要技巧，这些活都很单调但又不太繁重。王老四弯腰在地里选择最茁壮的苗种施以保护，疏苗并锄去杂草。刘大鹏记得祖父曾告诉自己："锄禾日当午，汗滴禾下土。谁知盘中餐，粒粒皆辛苦。"那年六月的大部分时间，王老四都因患腹泻而不能上工，因此刘大鹏自己承担了全部农活。他在日记中写道，他像牲口一样工作，为了养活自己的儿孙，但稍带抱怨的语调为快乐所抵消，他注意到尽管自己上了年纪，他仍像年轻时一样健壮。当第一次开始全职干农活时，他抱怨农活如此之辛苦，劳作了一天，他就长了水泡。如今经历了十二年的田间耕种，他更喜欢把锄草和根除过失联系起来，并没有劳作一天后的抱怨。炎炎夏日，骄阳里农耕后，他享受着树荫下的休憩和与其他农民的聊天。[①] 因为也患了腹泻，几天没能下地，他于是写道，没能去田里，他感到难过，因为"我乃一老农，吾心在田里"。[②]

每年的忙季从收割冬小麦开始。那之后，庄稼一茬一茬地成熟，最初是春小麦，然后是三种不同的粟。小麦成熟后的那几

---

① 刘大鹏：《退想斋日记（手稿）》，民国三年（1914）八月二十一日，民国四年（1915）五月二十三日，民国十四年（1925）六月二十四日，民国十五年（1926）三月十一日，民国十五年（1926）四月初四至初五日，民国十五年（1926）四月十八日，民国十五年（1926）四月二十五日，民国十五年（1926）六月初八至初九日，民国十五年（1926）八月二十六日；温幸：《山西民俗》，第 295 页。

② 刘大鹏：《退想斋日记（手稿）》，民国十五年（1926）六月二十日。

天，刘大鹏会雇短工来帮忙收割，但是收割小米时，他没能找到足够的短工，不得不将庄稼租给其他人来收割。收割是群体作业，一边将植物连根拔起，一边唱着山歌。像刘大鹏这样的人干不了这么繁重的劳动，因此他跟在后面，把玉米扎成捆儿。每年此时，全家都忙起来了，因为他们不仅要付短工工钱，而且要提供三餐，收割的人们希望吃到一年中最好的饭食。人们把玉米捆带到家里的打谷场，这是一块被清理干净、夯实的场地。收割玉米要从茎部把头砍下来，玉米秆被用作建筑，这活通常由妇女来干。刘大鹏描写到他们每天拂晓就匆匆忙忙下地干活。小麦和小米，则用驴拉石磨，直到谷粒被打下来。谷粒随后被平铺晾晒，在风中用一个竹簸箕簸净。在打谷场，人们必须边扫边拢，直到干透。烈日炎炎，热风中站着劳作非常辛苦，但是让谷物尽快干透非常重要。只要谷物仍露天，总有下雨或夜里被窃的可能。刘大鹏会在半夜或破晓去打谷场，确认守夜人没有打瞌睡（其实他经常睡着）。在位于村背后山脊上的家茔附近，刘家还有几棵枣树，当枣儿熟透时，几个人来帮忙打三天的枣。最后收获的是冬天吃的白菜。收获不久，就要播种为来年准备的冬小麦了，地冻了起来，农年结束了，直到来年春天。①

　　在刘大鹏看来，农耕就是他成长的知识传统里的一部分。对

---

　　① 刘大鹏：《退想斋日记》，第125页；刘大鹏：《退想斋日记（手稿）》，民国四年（1915）五月二十六日，民国四年（1915）九月十一日，民国十四年（1925）五月十五日，民国十五年（1926）八月二十六日；温幸，第296页。参阅 Martin Yang（杨懋春），p. 33。

于未能入仕或成为统治者及其官僚典范的乡绅来说，农耕也是合理的活动。刘大鹏喜欢引用《尚书》中的一段文字，品德高尚的周文王教育年轻王子，君子不能游手好闲，而应该"先知稼穑之艰难"①，这正是君王应效仿勤劳的农民的观念，但是这个引用也用来提醒君王，臣民获得财富如此之艰难，因此不鼓励政府滥收税赋。对刘大鹏来说，当然这还有一层暗示，播种和收获的艰辛即使对当国之大人物来说也是合宜的。孝顺的刘玠来信劝他莫要如此辛苦农耕时，他在日记中的回应更清晰地说明此点：

> 日来在田工作，心殊畅快，毫无私虑之所存。长男玠之禀函，纸纸祈我静养，此其静养之一法也。昔伊尹耕于有莘之野，而乐尧舜之道焉。予今年已近于古稀，穷而在野躬耕畎畎，始知伊尹之乐道为不虚也。予虽无伊尹之本领，却欲效伊尹之行为，俯仰之间，云胡不乐？②

第二天，他在田里种玉米和豌豆。引文中伊尹的故事出自刘大鹏在童年时就读过的《孟子》，讲述了伊尹如何从田里被邀请去指导君王，后来成为古代一个有名的德高望重的丞相。这样一来，故事也和刘大鹏最欣赏的作为隐士的自我形象相一致，作为有学识的人他理应辅佐政府，然而他却已退隐到私人生活中。

---

① 刘大鹏：《退想斋日记（手稿）》，民国十五年（1926）六月十六日，民国十四年（1925）三月初二日。此引文自《尚书》卷 16《周书》。

② 刘大鹏：《退想斋日记（手稿）》，民国十四年（1925）四月十二日。此引文源自《孟子》卷 9"万章上"。

　　刘大鹏经常使用当时标准的士、农、工、商四民社会划分。虽然他用传统的降序来列阶层，但是这并不意味着他鄙视商人。相反，这反映了他把农业视为典范的观念，因此这也是儒家士绅最合适的活动。他经常写到作为一种生活方式的耕读的价值，并且这的确也是他所践行的。农耕是艰辛的，至少他在日记中勾勒了播种收割的辛苦劳作，但是这并不低贱。刘大鹏很容易在耕田和乡绅的责任间转换角色。有一次，邀请他去参加某官方委员会的差役发现他正在田间为小米浇水，还有一次，邻近清源县的县长来造访刘大鹏，却没能见到他，因为刘那时正在田里忙着收割小麦。1926 年夏天，县商会和士绅开会推举刘大鹏和其他五人到省会要求为本县减免税收，起初他拒绝了，因为他要忙着收割小麦，但是最终他还是让步了。他知道成为农民并不能满足父母对他的期望，但作为他所受教育的一部分，刘大鹏认可的儒家意识形态赋予了农业正面的形象，这稍稍帮他缓解了内心的失望。[1]

　　农业和耕作也是新儒学的中心暗喻之一，而刘大鹏正是接受了此学派的训练。在此传统里，重要理念通过农业术语来阐释：决心立志像是播种，修身需要的正心诚意就如同给植物浇水和不断地保护根部一样。刘大鹏自己尤其喜欢用除杂草来比喻养心。例如，一天的除草劳作后，他会经常提醒自己应一看到杂草就立

---

　　[1]　刘大鹏：《退想斋日记（手稿）》，民国四年（1915）六月初九日，民国四年（1915）年八月十二日，民国十五年四月初五日，民国十五年（1926）五月十二日；罗志田：《科举制的废除》。

即锄去，就像古代的圣人锄去全部罪恶一样。摆脱私欲也是君子之道的自我养成中最重要的任务，这也正是刘大鹏整个夏天在田间践行的。①

对刘大鹏来说，农耕是践行自己信仰的广阔空间，这些信仰是他从教育中获得的。此间他树立了勤劳、坚定和负责任的形象。耕田是天道酬勤的最佳典范。有时，刘大鹏邻居们也会用这些观念来理解农耕。谚语如是说，"人若勤，地不懒，大桶小桶都会满"。或者更熟悉的说法，"几分耕耘，几分收获"。② 然而对大部分人来说，这些都源自一个更加复杂的神话和隐喻的体系。这类诠释的核心在于农业不仅需要农民的劳作，也仰仗及时雨和取水的便利。

1926 年秋天，刘家人把摘好的枣儿铺到房顶晒干，几天后，刘大鹏被慌张中的妻子史竹楼吵醒，"下雨了，我们还没盖好那些晒着的枣儿，我们该怎么办？"③ 结果这只是一场小阵雨，但是降雨和旱情总让人忧心忡忡。那年春天，缺水导致种在山上的粟苗枯萎了。几天后，终于下了雨，但却是正好在适宜收割冬小麦的时节。刘大鹏和王老四最后顺利地收割了冬小麦，但是刘大鹏依旧很关心天气。小麦收割后，高粱又没有雨水。高粱价格持续

---

① 刘大鹏：《退想斋日记（手稿）》，民国十五年（1926）六月初八日；Ng On-cho（伍安祖），p. 95；Munra, pp. 12—37。

② 温贵常：《山西农谚大全》，第 1—2 页；Arkush（欧达伟），"Orthodoxy and Heterodoxy"。

③ 刘大鹏：《退想斋日记（手稿）》，民国十五年（1926）八月二十日。

上涨，人们开始担心起来。在旱地里的小米也枯萎了，山民意识到他们只能收获不到一半的庄稼。只有雷声但是没有雨，刘大鹏记得这正是他年轻时那场饥荒前的景象，因此更加忧心忡忡。[1]最后，终于下雨了，大部分小米遭受的旱情得到缓解，村民至少保留了部分庄稼。这类的担心年年都有。事实上，刘大鹏的日记里此类记录可能超过其他任何主题。水田较有保障，但是河水不可能充足到满足所有人的需要，很多农民至少有一些旱地。在旱地上种田取决于每年适时的雨水，事实上这样的情况很少出现。水田有时也因山洪暴发而遭殃，山洪有时一泻直至平原。正如当地刘大鹏的一个熟人说的，"无旱则涝，年年有灾"。[2]

刘大鹏一直担心着雨水，因为像这个地方的其他很多农民一样，他有一些旱地。他家吃的比他能种的多。到1920年代末，他买最便宜的高粱、豌豆来养家糊口，但是即便如此，价格也是要考虑的问题，在一年中最重要的时节，几天无雨会导致粮食价格飙升。农民们不仅通过辛苦劳作，而且也通过安抚送雨的龙王来保证庄稼的丰收。人们认为黑龙王住在深山的山洞里，或者常年不涸的深潭里。山民们讲述关于水塘神灵的异闻：有一个男孩向龙潭里撒尿，不久病死，人们都说是龙神立行诛殛，此后敬祀龙神更虔诚。每年，平原村落会在春天将神像请出深山，夏天时

① 刘大鹏：《退想斋日记（手稿）》，民国十五年（1926）五月初五日，民国十五年（1926）五月初九日，民国十五年（1926）六月初二日，民国十五年（1926）八月初五日。

② 刘文炳，第137页。

将这些神像供奉在城隍庙里，秋天收获之后，送神归山。早在1850 年代，晋祠、赤桥和一些其它村子一起从位于高山边的泉水附近的小庙里请出黑龙王。后来有一年，一只老虎咬了神像的披风，于是人们不敢把真神像抬到村里来，仅仅将其请到坐落于山中的佛寺里，请和尚祀之。尽管如此，其它仪式继续存在，秋天收获后，晋祠有大型的谢雨酬神祭祀活动，还有庙会和演戏的活动，这吸引了很多人，也意味着刘家此时总是忙着招待访客。此后会有一个进山的狂欢游行，游行中有各种娱乐项目和旱舟。丰年时节，这已经足够了，这些仪式足以感动神灵，庄稼得到了雨水的浇灌。但是有时这样的仪式还不够，当村民需要雨水时，他们进深山拜龙王祈雨。人们认为祈祷灵验与否取决于所有祈雨者祈求上天赐福的时候是否真诚。[①]

1913 年，刘大鹏记录他的三个儿子刘玠、刘珦、刘瑊和其他村民去祈雨，但是他自己没有去。在刘大鹏看来，好天气和好身体一样是德行的奖赏，并非求神可得。因此，丰收是辛勤劳作和勤俭生活的自然结果，并非地方神的恩赐。他甚至质疑官方的祈雨酬神的活动。史料记载了晋水的圣母如何祷雨辄应，当干旱袭来时，巡抚派员在晋祠供奉神灵，有时县令也会在晋祠祈雨。巡抚祈雨的方式是处死省城南门外对干旱负责的龙王。一位外国作家曾描述过 1902 年举行的仪式，他简单地讲到巡抚命令差役做

---

① 刘大鹏：《退想斋日记》，第 15、23 页；刘大鹏：《晋祠志》，第 201—203、1256—1257、1458 页。

了一条纸龙，但是刘大鹏显然没有听说此事。[①]　他写道：

> 晋抚于前月二十八日斩旱龙于省垣南关，委员解旱龙首
> 来晋祠祈雨（去日早来），将龙首浸于难老泉中，里中人多
> 诣晋祠观之，见龙首在水中以红绳系之，有差人看守，不准
> 人提起审视，不知果系龙首否，抑亦以他物作龙首，解百姓
> 忧旱之心乎？总之，事属不经，未可信也。[②]

他对巡抚几年后另一番祈雨的努力更为不屑，那次巡抚派了一个
人投掷虎骨于难老泉，希望泉中龙虎相斗，从而带来降雨。刘大
鹏觉得这荒谬绝伦，他抄录了报纸上蔑视此举的报道。对于正统
儒生刘大鹏来说，祈雨者倚赖官方祈祷的道德有效性，由于民国
官员被视为叛徒，他们的祈祷似乎不会奏效。访问晋祠、看龙头
的村民们也很怀疑，他们想将其抬出水面看看是否真的是龙头。
当他们一起去庙里祭拜龙王，真诚地祈雨时，他们也强调祈雨者
的道德。[③]

祈雨者似乎能被整合进正统儒家思想。尽管官方祈雨的方式
和赤桥村民不同，但他们毕竟也去祈雨。但除了拜神求雨之外，

---

① 刘大鹏：《退想斋日记》，第 184、232—233 页；刘大鹏：《晋祠志》，第 156—
157 页；Edwards（爱德华兹），*Fire and Sword in Shansi*（《义和团运动时期的山西传教
士》），p. 307。

② 刘大鹏：《退想斋日记》，第 111 页。

③ 刘大鹏：《晋祠志》，第 1075—1076 页。参阅 Pomeranz（彭慕兰），"Water to
Iron, Widows to Warlords"。

农民们也仰赖水利制度中的权力结构，这能给一些村民分得更多的水。作为灌溉水源的晋水源头在山脚下，流经平缓的平原，与流经山谷谷底的汾河合流。晋水分为三条支流，灌溉了当地大部分地区，但是由于平原坡度的关系，晋祠和汾河之间的地区水量充足而且易于生长农作物，与之相比，山麓则水源不足。几个世纪以来，人们确定了一套在村庄之间划分水源的精密例章。那里有坚固的石砌水道和一些闸口，开关闸口可以让水汇入河道或者迫使它流出去灌溉更远的村庄。在夏季，急需用水的人们采用轮流制（此制度被刻在石头上防止纠纷），据此开关闸口，轮流送水到每个村落。村庄安排守闸人监督轮流用水，也有负责整个系统的渠长。农民知道，只有得到更多的水，才有希望地尽其利，但是村落之间水的分配绝对是不公平的。有一些不平等是因为地势走向，也有一些缘于深层的历史原因（15 世纪曾是军事垦边的村落有优势），但是每个人都明显地看出水利让一些村落更有权势。[①]

人们知道这不平等，对水源的竞争有很长的历史，但是这一分配制度也产生了很多神话和比喻，证明了权力的现存分配的合理性。几个世纪以来，一个颇有美德的柳氏女的故事被一代一代地流传，她嫁入晋祠某家，"姑待之虐，俾汲水以给饮食。道遇白衣乘马者，欲水饮马，柳与之。乘马者授以鞭，令置瓮底曰：'抽

---

①　刘大鹏：《晋祠志》，第 777—991 页。也见 Yoshinami Takashi（吉波隆）：《阅读晋祠志所见晋水四渠之水利灌溉》。

鞭则水自生。'柳归母家，其姑误抽鞭，水遂奔流。急呼柳至，坐于瓮，水乃止。柳氏因坐化为神。乡人遂祀于晋水源"。故事讲述的是后来为人所知的圣母传说，人们在晋水源头附近气势恢宏的圣母殿里祭祀她。那里，孝心和自我牺牲换来了源源不断的、可控的水源。[①]

刘大鹏在其方志中描写了每年夏天渠甲和司闸如何祭圣母。每个村庄轮流祭拜，当甲向圣母献祭时，村民宴聚，这通常在游行至村公所之后。据此制度，作为晋祠镇下属村落的赤桥也参与这宏大的祭祀活动，庙会宴请、演剧三天。供奉的季节以大型的祭祀圣母的活动告终。这是一年中最热闹的时候：所有赤桥人家都有访客，拥挤的人群正是来观剧或逛庙会的，庙会通常持续五天。节日的重头戏是从庙里把圣母请到县南关厢龙王庙奉祭。行进的队伍从刘家门前的赤桥大街经过，队伍里有伶工和准备了娱乐节目的村民。最精彩的部分是盛装的童男童女乘坐旱舟，他们化装成有名的戏曲中的人物。孩子们通常四五岁，被紧紧地系在支撑着舞台的柱子上以免他们掉下来，他们远高于人群——有时由一个人举着，有时多达八人。当游行的队伍到达县城时，夜幕已经降临，因此第二天他们再整装出发，在街上表演。当花车到达县衙，县丞会给孩子们分发银牌，他的女眷们会分发彩花。人民填街塞巷以观之。祭祀圣母的节日甚至吸引了自省城远道而来

---

① 刘大鹏：《晋祠志》，第 1057—1058 页；Fullerton and Wilson（福乐特、威尔逊），*New China*, pp. 87–88。

的人们，但是这并不仅仅是娱乐活动。圣母是一个颇有影响力的神祇，各司闸、渠甲参与一年一度的包括游行的祭祀活动时，他们将自己的权力和她联系起来。刘大鹏宣称祭祀圣母源自 1369 年。通过每年举行同样的活动，渠甲不仅将自己的权力和圣母联系在一起，而且使其亘古不变。刘大鹏对这些仪式及祭祀的权力结构深表怀疑。像其他 17 世纪以降的儒生一样，他记录了关于圣母的另一则故事。他说，她根本不是河神，而是唐叔虞之母邑姜，叔虞在晋祠也被祭祀。每个夏天祭祀圣母活动时，刘家总有客人，游行开始的那天，刘大鹏总会去县城，但是他仍旧不赞成士人参与其中。[①]

另一个神话传说和花塔儿村的一个年轻男子有关，花塔儿控制着一个关键的闸口，只有此闸口关闭了，水才能流向更北的村庄。这让此村成为灌溉系统里最有权势的村落之一。几乎村里的每个人都姓张，每年他们会去晋祠，祭奠祖先，他们认为他们的祖先因水权之争而死。故事是这样的，很久以前，河流南北的村落为水源争斗起来。为了解决分歧，人们在塘边设了一口热油锅，扔进十个铜板，能捡出铜板的人将得到水源。花塔儿村的一个张家男子捡出了七枚，却因此受伤而死。此后，北边的村子获得了七成的水源，张家一员总是出任北村的渠长。[②] 正是发生在

[①] 刘大鹏：《退想斋日记》，第 8、234—235、428、545—546 页；刘大鹏：《晋祠志》，第 21、189—191、193—194 页；1997 年 9 月 10 日对赤桥村民的访问。

[②] 刘大鹏：《晋祠志》，第 114、804 页。

闸口边的仪式划分了南北支流的水量，这让人们记得花塔儿张家
祖先的英勇事迹，正是它给了后辈人控制水源的合理性。

这个张家青年牺牲的故事也向我们昭示了对水源的控制被看
作一种可以代代相传的财产。渠甲保存了载有某个闸口开关的具
体时间的记录，其中也包括所有影响到分水的事件和决定。当地
人将此称为河册，即水的所有权记录。据刘大鹏说，村庄都将此
书视为"秘宝"，并且不允许外人阅览。还有一个故事讲述东庄
营村的郑家曾如何控制部分支流，然而郑家一个媳妇偷了河册，
当她（再）嫁到北大寺的武家时，河册也随其到了武家。此后，
武家总占据渠甲的位置。① 1927 年，武家卷入了一场关于控水的
律讼，最后立了一块碑记录此案。碑文中，武家宣称有完全的
控水权力，说"晋祠关于灌溉的碑刻足以证明此说，县政府也有
此记录，河册中也如是说"。② 拥有的水可以被买进、卖出，甚
至窃取。渠长给轮流制度下用水的每户摊派费用，当冬季轮流制
度并不那么严格时，他们将本村不需要的水卖掉。赤桥人仍然记
得有一次，一个叫王良的人在新年前偷偷地修改过村河道，将此
水卖给他的亲戚——刚好是古城营村的渠甲。窃水事件被发现
后，王良恐吓了其他渠甲，在大概二十多年时间里，古城营村民
为得水源，每年给他几百两银子。③ 在这些事件中，水仅被视作

---

① 刘大鹏：《晋祠志》，第 6、986 页。

② "武姓与王、张两姓"，位于北大寺村武家家庙。

③ 刘大鹏：《晋祠志》，第 893、898、925 页。

财产，而非自然资源，这让不平等的分配似乎自然且可接受。

控水之争经常引发律讼。县长们通常不满于所有权的观念，倾向于将水视为资源，应为全体福祉而分配，这意味着他们的决定常关照弱者。这些决定的副本被刻在晋祠圣母殿里的石碑上，同时也在相关村落保存着。每年当晋祠渠甲及其赤桥的下属们祭祀圣母时，他们也缅怀 18 世纪的官绅，因为在一次和河南边村落的争议中，正是他们决定允许晋祠有代表自己的渠甲。① 让不平等的水分配变得比较合理公平，至少得到官方承认，有一系列的机制，而在这些机制中，诉诸法律是最后一步。传说、仪式、暴力威胁和法律都使一些村落因农业获得更多的收入这一事实变得合理化。对深层的地方权力结构重要性的认可与刘大鹏所提倡的勤劳耕种带来收获的儒家观念格格不入。

刘大鹏显然对祈雨者和灌溉制度感兴趣，毕竟他在此不惜笔力，但是他从不参与其中。毫无疑问，这一态度与其仅有小块土地的事实，导致他远离控制农业的地方权力结构。刘大鹏从没当过赤桥的司闸，仅仅在耆硕之年作为村中名士方才参与每年对圣母祭祀的相关活动。不过，他试图通过记录此事而彰显自己的影响力，他编纂的《晋祠志》包含河例的详尽描写，他解释说事无巨细的记录是为了取代渠甲所把持的神秘河册，换之以公开易得的知识。他也编纂了《晋水志》，这是他被保存在赤桥的唯一著作，可能因为书中记载的信息对村里有真正的价值。刘大鹏的撰

---

① 刘大鹏：《晋祠志》，第 190 页。

著建立在包含赤桥在内的南部河流的河册以及他自己的仔细观察之上。通过编纂这些记录，刘大鹏正试图打破控制灌溉制度的渠甲的权力。刘大鹏一直被排除在外，这一点可以从他从未读到渠甲控制的河册的事实中可以看出。[①]

刘大鹏的著述描写了 20 世纪初存在的灌溉制度。现代化带来的改变影响到村中的农业结构，但是可能并不是以我们想象的方式。刘家非常典型，因为农耕占家庭收入的比重不断上升。这是因为刘家失去了商业、采矿和教书的收入，即使其他收入仍旧存在，他们也越来越紧系于农业经济之上。刘大鹏曾是一位收入不错的塾师，为贸易起家的富户作先生，而他的儿子刘珦和刘玒则成为县小学的老师，以来源于农业经济的微薄工资为生。地方经济中，农业不断增长的重要性主要是商业衰落的结果。刘父过世后，刘大鹏和他父亲的前任店伙曾在阳邑开了一间新的生木店。那时，刘父曾经做生意的李满庄也渐渐衰落下去，而阳邑似乎仍保持繁荣。阳邑各户拥有的店铺远达越南、东京，在北京至少有 44 间商铺，还有各种商铺坐落在华北地区。他们的生意包括酒、谷物、布匹、油料、茶叶、酱油、医药、煤炭（在东京）、皮革、珍珠、醋、古玩、马车、盒子、丝绸、豆腐、蔬菜、面粉、生肉和烟草。像大多数晋商一样，他们在 20 世纪 20 年代席卷整个国家的军阀混战中受到重创。世界范围内的衰退在 1929 年侵袭中国，对很多人来说都是压垮骆驼的最后一根稻草，到

---

① 刘大鹏：《晋祠志》，第 6 页；刘大鹏：《晋水志》。

1935 年，百分之二十的阳邑人家失业了。这种情况下，刘家在此地的生木店不景气也就不奇怪了。刘家从生木店所得收入渐少，直到店铺在 1930 年代被一个经理买走。伴随贸易机会的下滑，富户将财富转移到土地上。本省货币的不稳定加速了这一趋势，因现代化政策而变富的士兵和官员们买进土地作为安全的投资。晋祠附近地区尤遭破坏性的影响，因为这里多为灌溉良田，伴随着柏油路的建成，进入省城更加便利。晋祠是一个闻名的旅游胜地，因其幽美的古庙，很多省级领导人开始在此修建消夏的别墅。20 世纪 20 年代，此地的地价大概翻了一倍。①

土地价格上涨可能带来有利的农业投资，但是与此同时，地价上涨，农业的利润在下降。1925 年到 1928 年，省政府成功地获得两倍税收，这大部分来自对农村地区的榨取。政府的军需不断增长，因此省政府总是钱粮殆尽。苛捐杂税尤其沉重地压在农民身上，因为他们才更可能有政府所需的草料、四轮车和拉车牲畜。此后，全世界范围的衰退席卷了山西。多年的通货膨胀后，物品价格突然降低，这对农民的影响尤其恶劣。华北的连续丰收让粮食价格走低，新建的铁路意味着大量谷物可被进口到本省，

---

① 刘大鹏：《退想斋日记》，第 242、317、383 页；刘大鹏：《退想斋日记（手稿）》，民国四年（1915）正月二十一日，民国十四年（1925）二月初九日；杨蔚、起予：《大蒙、黄寨、青龙镇三村访问记》；《北华捷报》1923 年 11 月 10 日，第 373 页；刘容亭：《山西祁县东左墩西左墩两村及太谷县阳邑镇平遥县道北村经商者现状调查之研究》；Chen Han-seng（陈翰笙），"The Good Earth of China's Model Province"；《山西农民之艰苦》，见冯和法，第 726—728 页；2002 年 8 月 7 日对刘佐卿的访问。

其后果是谷价崩溃：1932 年的收获季节，一斗小米需要 2 元，但 1933 年仅要 1.1 元。工资也相应下降：这一阶段，刘家厨夫的月工资从 1932 年的 2 元降到 1934 年的 1.5 元。这带来的后果是恶性循环，农村工业破产，因为当地人买不起他们的产品。更糟糕的情况是本县没有煤矿赢利。太原县稍南地区对农民的调查发现棉花是唯一有利润的作物。假如人们将种子的成本、化肥的开销、劳动力和税收都考虑在内的话，农民们在其他作物上都遭受了损失。新闻报纸开始用一个新词"农民破产"，而如刘大鹏悲观的评论，由于无人愿意购入田产，此时农民已经到了无产可破的地步。①

　　农业经济的衰落阐释了刘大鹏农耕生活的多个侧面。谷物税的不断增加，货币的不稳定迫使他在谷物之外种植蔬菜。在这样不稳定的情况下，生存性的农业前所未有地重要起来。另一方案是种植棉花，这可以出售给政府支持的纺织厂，但是 1926 年首次种的棉花都死了，来年他的努力也并不成功。因此，农村经济的衰败正是刘大鹏晚年一直躬耕的原因。七十四岁时，刘大鹏依旧和年轻的儿孙们一起承担大部分的田间耕种，幼子那时十二岁，孙子也与之年纪相仿。日记中，他说自己能完成半个雇工的工作，有了孩子的协助，他并不需要经常雇短工，这不但节约了

---

　　①　刘大鹏：《退想斋日记》，第 463、476—477、486 页；Gillin（吉林），p. 125；杨蔚；Chang Chiao-fu，"Genered living Conditon of the Peasant in Middle Shansi"，pp. 201—202。邻县阳泉的煤矿产量从 1932 年的约 741911 吨下降到 1933 年的约 476727 吨。赵卜初：《晋祠农业调查数据》，见《山西农民之艰苦》。

工钱，也省了粮食。1936 年已七十九岁高龄的他仍旧在贫苦中挣
扎，他悲叹道自己在田中工作，劳苦过重，因此清晨不愿起床。[①]
刘大鹏年老时仍旧继续躬耕，因为他的劳力对刘家来说是无偿
的。伴随着刘家土地的不断被变卖，刘大鹏的劳力也仅能养家糊
口。大概从这时开始，村里的故事描绘了刘大鹏的贫寒，即使他
邀请县长来自家吃饭，也只能以玉米高粱粥相待，这是最便宜粗
糙的谷物了。

这些进程综合起来意味着农业、可用水源对村民变得更为重
要，即便农业不如之前有利润。这反过来也意味着控制灌溉的村
庄变得更有权势。这类转变的潜流是国家现代化过程的内部和外
部压力，但是在这里结果恰恰相反：传统的结构变得更加坚固。
这尤为明显地表现在：当摊派节目开销的农民越来越穷时，在水
利制度节日上的支出越来越多。刘大鹏年轻时曾喜欢这些节日，
认为这是地方繁荣的标志，即使他不赞同其中的宗教内容。但是
从 20 世纪 20 年代中叶开始，他的评论更多的是对花费的抱怨。
费用按亩摊派给各户，久已如此。1911 年之后，摊派不断增加，
与通货膨胀相比，相对较高。刘大鹏抱怨那些提高摊派的人并不
理解这是农民的血汗。节日的过程并非繁荣的象征，而是盘剥暴
敛的展示，现代化已制造了如此盘剥的环境。[②]

因此，山西村级工商业的衰落意味着 20 世纪二三十年代乡

---

① 刘大鹏：《退想斋日记》，第 431、495 页。

② 同上书，第 308、507 页；刘文炳，第 139—145 页。

村经济恶化，并重新回到农业和传统的权力结构。这一过程导致对城乡差别的全新观感。19 世纪时，省城太原有高大的城墙，故而气势非凡。城墙有 10 到 15 米高，顶部可容两架马车并行，周围是深深的护城河。太原城曾是军事要塞，流行的传说里有一首歌谣唱道：太原城固若金汤。太原也曾是行政中心：城墙内有巡抚衙门、贡院和书院。但是大部分城内的土地也都是田地，省级贸易中心则坐落在晋中地区。直到 1916 年，刘大鹏还能看到全城的人都在祈雨。省城是政府中心，并非特别的工业和商业中心。①

20 世纪早期，政府政策重塑了山西经济，通过干预将太原变成工业和商业中心。举国皆如此，政府所推行的现代化工业重新让工业和商业聚集在政治中心。在太原，这以 1898 年省政府"器械局"的成立为起点。人们通常认为此局是军工厂，它用进口机器维修手枪，生产剑、矛和西式的鼓。到 1911 年为止，200 位员工中的大部分被雇佣来制造枪械。1918 年，阎锡山使本省的铜钱贬值，成功地从乡村贫民那里攫取了财富去发展军工业。此局后来发展到拥有员工数千人，1932 年它有八个厂，分别生产武器、机械工具、火车头、火车皮、铁路、摩托车、蒸汽机、农业机械。除此之外，还有大型钢厂、制革厂、造纸厂、酿造厂、印刷

---

① 刘大鹏：《退想斋日记》，第 233 页；《北华捷报》1894 年 9 月 7 日，第 408—409 页；1904 年 5 月 27 日，第 1098 页；A. T. Schofield（赐斐德）编辑，*Memorials of R. Harold A. Schofield*, p. 165。

厂、砖窑、水泥厂。这些产业利润并不丰厚，但是将税收注入城市，在那里创造了工作和机会，政府本身的快速扩张也有类似的效果。结果是与其他地区相比，城市人口的上升和省城财富的激增。[①]

20 世纪以来太原已经逐渐转变，以至于访客会惊诧于它和其周遭农村的巨大差异。政府四周的铁栏杆取代了砖墙，在主要的商业街，几乎所有的建筑物很快以新的样式出现，带有玻璃橱窗和粉刷的装饰。1909 年以降，街道变成柏油马路，安装了街灯。这些事情很快变成了城市人日常生活的部分。与之相伴的是一系列新物品和服务：煤油、烟草、自行车、黄包车、油灯、手电筒、草帽、汽车、公交车、电车、邮票、邮箱、电话、电影、时钟和公共图书馆。这些现代物品很多确实进入乡村：人们可以看到太原县的年轻女子渴望地看着满街流行的帽子，这些帽子由卖毛巾、长筒袜、肥皂和牙膏的小商贩到处兜售；学生买硬糖吃；刘大鹏看到流星划过，在日记中激动地写道这比电灯还亮。[②] 总之，这些物品定义了其拥有者是一个现代人，但是这些物品对越

---

① Gillin, p. 190；卢笋：《西北实业公司和山西近代工业》；Gillin, pp. 186-187.

② 刘大鹏：《退想斋日记》，第 167、216、282、307、325、453 页；《北华捷报》1924 年 7 月 12 日，第 46 页；1905 年 7 月 21 日，第 170 页；1906 年 7 月 13 日，第 112 页；1908 年 10 月 31 日，第 294 页；1909 年 1 月 16 日，第 131 页；1909 年 10 月 9 日，第 70 页；1909 年 12 月 11 日，第 589 页；1923 年 9 月 29 日，第 900 页；《山西日报》1919 年 6 月 14 日，第 2 页；慕湘：《晋阳秋》，第 67 页；杨木若：《山西农村社会之一般》；Edward Alsworth Ross, *The Changing Chinese*（《变化中的中国人》），pp. 262, 273；王思贤：《山西学生五四运动二三事》；1999 年 9 月日对刘佐卿的访问。

来越贫困的农村人来说简直无法承担。刘大鹏老迈后，不常去城市，但是当他去城里时，他会乘坐公交车。回家后的详细记录透出了这次经历的陌生感：

> 早餐后即告辞言，旋出新南门外汽车站买票，至晋祠五十里，车价大洋九角。十二点钟登车启行，其行迅速，一点钟即到晋祠。[1]

刘大鹏参加过以时钟计时的政府会议，但是钟表计时作为日常生活的部分就像乘汽车一样陌生。车票很贵，大概花费了一个农民十天的工资。当年此地的一项乡村收入调查显示，一个五口之家在衣食和其他日常开销的平均年支出是 45 元，而大部分人家根本负担不起这个开销。一张车票就要九毛钱，毫无疑问，这根本不可能出现在他们的预算开支里。很多赤桥人，尤其是妇女，从来没有到过省城。[2]

因此，当城里人来到乡下，和他的很多邻里一样，刘大鹏年老时也遭遇了现代的消费文化。由于家里不能负担进中学的费用，刘大鹏的幼子刘鸿卿曾在城里工厂做工。周末（另一个新概念）返家时，他从朋友那儿借来一辆自行车。早在 1890 年代时，自行车就为有钱的年轻人购买。1919 年时，阎锡山刚好三十二岁，参加了自行车运动并且获奖，此运动会旨在促进地方官员使

---

①　刘大鹏：《退想斋日记》，第 465 页。

②　同上书，第 476—477 页；Chang Chiao-fu。

用自行车。1920 年代，自行车和黄包车广泛普及，那时为便于摩托出行，大街被修成柏油马路，省城通向晋祠的道路正是在 1921 年竣工的。到 20 世纪 30 年代，乡村中出现了自行车。太谷县一个村庄的一项调查表明，该村有五辆自行车，两辆黄包车，但是在同一个村子里仍旧有 118 辆独轮车。20 世纪 30 年代，当村里最富有的人家（此家拥有运货公司）的公子买了一辆自行车去高小上学时，赤桥也有了第一辆自行车。自行车在太谷非常流行，以至于警察尽力让其注册，并强制使用车灯。作为工人的刘鸿卿比村中农民更易接触到自行车。城里人当然也购买一些新式的服装。

1927 年，国民党到达省城的第一条消息是一个从城里回来的人散播的，他报告说将有大会宣传革命。所有这类团体和组织都散发传单，飞机从头顶飞过，传单从天而降。但是最奇怪的是妇女有剪发的，有的则不穿裤子而仅穿短裙。[1] 差不多十年后，刘大鹏仍对此风俗颇感震惊。他描述了出省旅行的学生在晋祠停留：

> 出了永泰亨入于祠下，见旅行之学生纷纷乱窜水边，男女学生皆系赤腿穿一裤衩子，膝之上下全行败漏，观之甚不雅致。[2]

------

① 刘大鹏：《退想斋日记》，第 357、497 页；《北华捷报》1898 年 11 月 14 日，第 905 页；1921 年 5 月 28 日，第 529 页；1923 年 9 月 29 日，第 900 页；1923 年 12 月 1 日，第 592 页；1924 年 7 月 12 日，第 46 页；《山西日报》1920 年 1 月 6 日，第 3 页；武寿铭：第 47—48 页；伦敦，外务部档案 228/3022，第 264 页；2002 年 8 月 7 日对刘佐卿的访问。

② 刘大鹏：《退想斋日记》，第 496 页。

这些学生访问晋祠是在 1936 年，正值抗日战争爆发前。在刘大鹏眼里，这些学生在水边歇息，光着脚，周围有幽美的古建筑环绕。这样的场景，对于知道他们马上就将经历一段艰难历史的后人而言，很难不生同情之心。但对于这位老人，我们又有另外一种同情：他曾饱读诗书，此时却是一位生活于田埂和家庭之间的老农。到了 1930 年代，刘大鹏对自幼所学的正统儒学的坚持已经变成了一种近于滑稽的表演，只有有心人还能为之肃然起敬。刘大鹏经常早上途经村里的戏台到田里，有一天戏结束后，他发现在剧场：

> 遍地皆有纸烟之包，皮上有字。因拾之归，遵古"敬惜字纸"之遗训，今人不知此训，反笑予迂阔也。[1]

吸烟者在山西各阶层人中一直比比皆是，但是用彩图设计烟纸包的香烟却属于新的消费文化的一部分。捡起烟纸，尊敬地携带回家，这位老人所做的仅仅是遵行古训，也是对文字及文字所承载的道德教化的尊敬。刘大鹏一生践行此教化，但是到了 20 世纪 30 年代，这些教化对他周遭的人们已不复有任何意义。

---

[1]　刘大鹏：《退想斋日记》，第 456 页。

尾　声

　　1937 年，日本全面侵华，刘大鹏那时已经八十岁了。随着日军南下进入山西，刘大鹏偶尔步行到晋祠公交车站去阅读张贴在墙上的新闻传单，上面记录了血腥的战斗和中国偶尔胜利的消息，但是从地名来看，日本军队正快速向省会挺进。传言说日本空军会轰炸此地，因此赤桥人天黑后不敢点灯。不久，太原市真的发生了空袭，成群的难民开始沿着干道逃离太原。刘大鹏的邻居将房屋出租给难民，但是县里并非长久安全之地。随着战事的逼近，日军飞机开始轰炸全县。县长和他的职员弃职而走，几乎所有的赤桥人都逃到山里去了。刘大鹏的孙子全忠带着两个小堂妹逃到村背后的明仙峪，他们在那儿给全家租了一间小屋，不久，他的叔叔刘玒和女眷们也逃到此地。刘大鹏自己则拒绝逃难。事实上，当炸弹降落时，他爬上屋顶的平台，看着家人跑向安全的地方。轰炸之后，随之而来的是抢掠，通常是败退的中国士兵所为。除了村里一贫如洗的人家外，大部分村民回到家后，发现屋里被洗劫一空。有一次，当一群士兵威胁刘大鹏，说要翻进四合院枪毙他，刘大鹏站在那儿说自己已经老了，根本不在乎生死。士兵们就离开了。[1]

抢掠之后和日本人到来之前，这中间常有一个短暂的平静期。县里仅存的官员是狱长，他请刘大鹏草拟了一封对日投降书，刘大鹏同意了。刘大鹏也去过镇上，留下的官员正在开会讨论如何应对时局。那时，他用煤块和家具挡在大门前，坐在那里等着。日本人来了，开始在村子里宿营。这次刘大鹏没那么幸运。当日本兵不能进入刘家时，他们威胁说要烧毁整个屋子。一些村民翻墙进去，清理通道，使日本兵得以进入。随后，尽管村民们恳请日本士兵看在刘大鹏年事已高的情面上宽恕他，但是日本兵还是打了他。日本兵在刘家仅作简短的逗留，就向晋祠出发了，刘大鹏则因伤生病，哀叹自家在村里街边店铺损失的家具，有桌子、椅子和长凳，这些被当作柴火烧了。[2]

刘大鹏的晚年都是在日本占领下度过的。此前很长一段时间里，他都在抱怨政府处理外侮的各种失败。日本占领东北，于1932年发动对上海的进攻，那时他就写道："现在日寇扰华日甚一日，革命党魁不敢一撄其锋。"[3] 用词虽然旧式，但并不代表刘大鹏不知道时事的进展。他仔细地读报纸，知道东北马占山和

① 刘大鹏：《退想斋日记》，第502、508—509、512、514页；1997年9月9日和11日对赤桥村民的访谈；1999年8月6日对刘佐卿的访谈。也参见Gillin, pp. 257-263；慕湘：《晋阳秋》。

② 刘大鹏：《退想斋日记》，第515页；1999年8月6日对刘佐卿的访谈。

③ 同上书，第432页。

上海十九路军的抗日活动，并且批评中央政府没能及时援助。[①]
同时，刘大鹏选用了某些词句，因为它们正表达了他对时局的看
法。他将日本人看作"侵略者"和"倭寇"，他很快选择了新的术
语"东三省"，这被国民党用来形容之前被看作满洲的地区。[②] 另
外，他不喜欢流行的术语"抵抗"。正如他所言，政府"不敢言征
讨贼寇，只是言用兵抵抗，可见党国之气馁矣"。[③] 他说抵抗就
是承认失败的可能性，这是不能接受的。直到 1937 年（实际为
1941 年 12 月 9 日）蒋介石才对日宣战，这正是本国趋新精英整
体道德软弱的显著标志。

在刘大鹏看来，中国统治者的昏聩使他和他的邻居们成为
"亡国奴"。[④] 作为奴隶，除了听从统治者别无选择，但即便如
此，他们也应常以此景况为耻。山村是共产党游击队员的大本
营，共产党时而发动对日本人的进攻。赤桥是日本侵略的前沿地
带，刘大鹏亲身经历的日本人的残暴意味着他一开始就明白不顺
从的代价。就像他在日军占领几年后所写到的，日本人对民众极
其严厉，屠戮所有不从者，因此当日本人下命令时，没人敢反
抗。对文化饶有兴趣的日军军官有一次请他来，并向他了解晋
祠。这事发生在日军打他一月之后，在无任何解释的情况下，他

---

① 刘大鹏：《退想斋日记》，第 433、441—443 页。
② 同上书，第 434、438 页。
③ 同上书，第 473 页。
④ 同上书，第 521 页。

就被命令到晋祠村公所，这一定让他心惊胆战。之后，他参加了各种日人组织的宣传会议。实际上，他甚至在县会议上演讲，鼓励人们敬老，因而获得一套寿衣作为奖励。他的孙儿刘恕忠那年十几岁，在舅舅那儿做学徒，这位舅舅曾在日本学习西医。凭借这一层关系，刘恕忠受雇于日军作了一名军医，最终成了伪政府卫生部的一名官员。① 刘大鹏认为尽管这样的妥协行为是可耻的，但是对亡国奴来说不可避免。当他看到被日军招募的工人们在去晋祠的路上穿梭来往，他写道"亡国奴之困苦"。② 在这种情况下，唯一的希望就是存活。那年早春的一天，家家户户依旧供献仓神，他描写了人们拈香，下跪，乞求仓神添米得以果腹，让他们能熬过这一年的场景，因为"不至于饥寒而死亡，则为亡国奴隶之庆幸事也"。③

刘大鹏的大多数邻里们也是这样盘算的。送灶神上天是要向老天爷汇报一年的活动，日本占领不久，刘大鹏说新年所有的村民都祷告灶神，祈求上天幸速诛灭贼寇。④ 灶神本居于女眷的领域，刘大鹏从没进过厨房，通常这非刘大鹏的兴趣所在，因此他记录的可能是从别处听说且暗合己意的事情。他一直都对儿歌颇感兴趣，因为儿歌向来被视为征兆。他记录的一则儿歌如下：

---

① 刘大鹏：《退想斋日记》，第 519、536、560 页；1999 年 8 月 6 日对刘佐卿的访问；1999 年 8 月 4 日对赤桥村民的访问。

② 同上书，第 581 页。

③ 同上。

④ 同上书，第 519 页。

> 日本鬼子快快走，
>
> 只留娘子关一口。
>
> 若要不走，都教喂了中国狗。[1]

他也记载了那些所有日本人将死在中国，不得回东洋的谣言和希望。这些歌谣、谣言和祷告也是刘大鹏和他的邻里们分享的大众抵抗文化的一部分。作为这一文化的一个部分，战役和战斗的故事被广泛地传播。阎锡山继续在南部抵抗日本人，赤桥的孩子们扮演阎锡山的部队轰炸日本人，用玉米棒加石头当成炸药。然而，尽管阎锡山的炸药和飞机是引人注目的，真正的抵抗实际来自山区共产党领导的红军游击队。红军的抗战颇受欢迎，甚至刘大鹏的友人、管理山上寺院的和尚都告诉刘大鹏红军战士纪律严格，从不扰民。刘大鹏记录了红军和日军之间发生的小战斗和冲突，强调无论何时他和他的邻居们听说日军被杀都非常痛快。[2]

刘大鹏对红军的胜利很开心，并且相信日本人最终会失败，但是这并没有破坏他自青年时代起对道德价值的坚持。他仍因自己的文化程度而感到对其邻里负有责任，且认为当地政府应该听取他的意见。有一次，他趟过泥水到县城，通过县政府大门时照例每个人都必须向驻守的日本兵鞠躬行礼，出示通行证，被搜身，然后进入县政府。那次，他劝县长释放关押的那些情节不甚

---

① 刘大鹏：《退想斋日记》，第528页。

② 刘大鹏：《退想斋日记》，第521、527、535、566页；1999年8月6日对刘佐卿的访谈。

严重的囚犯。之后，他曾抱怨县长并没有认真对待他的建议。[①]
稻草是赤桥村民造纸的原料，当日军向赤桥征稻草时，刘大鹏请
求村长重新考虑。刘大鹏对村长和村长副坦言，看看村外之稻
秸，想想村民无此何以为生。他的话也毫无作用。当刘大鹏向他
们讲如何拒绝日军的要求时，他们认为他多事。刘大鹏在日记中
写道：

> 处此乱世，不能做一件救济本村之人，恨己无德，没由
> 上格天下，下去民害，何以仰慰先父、先母在天之灵哉？不
> 孝之罪大焉。[②]

刘大鹏的一生都建立在这样一个基础上，即其所受教育和他那明
显的对儒家的坚持让他在地方事务上有发言权。如今他却被忽视
了，因为世界改变了：他的教育和行为不再标志着他是个正直的
人，而仅是历史存留的古董。他作为长者被尊敬，这可能让他有
发言的机会，但是他的儒家论说对年轻人来讲意义微乎其微，很
多年轻人都出生在科举制被废除的 1905 年之后。刘家的贫穷也
损害了刘大鹏的影响力。刘家从未富有过，但是在他年轻时，他
们当然是小康之家，且受人尊敬。如今，刘家人总在担心有上顿
没下顿的问题。像其他家人一样，刘大鹏早饭总是吃最便宜的高
粱熬的粥，拿凉粥当午饭、热一下的粥当作晚饭。偶尔，他的富

---

① 刘大鹏：《退想斋日记》，第 525 页。
② 同上书，第 553 页。

户朋友送些玉米棒、高粱，甚至更贵一些的小米和面粉给他。他前妻住在北大寺的侄儿虽不富裕，也送来些根茎蔬菜，客气地解释这些东西不值得卖。粮食是急需品，但是刘家也缺少燃料和衣服。刘大鹏抱怨寒冷让他无法入睡，他们买不起煤取暖。破衣、贫食和讨债者的催债共同损害了刘大鹏在当地的地位。[①]

然而，不仅地方社会忽略了刘大鹏，甚至他自己家也开始逃避他的道德观。到了 1940 年，刘大鹏的三子刘玽和四子刘珣都成了瘾君子。他们吸食一种吗啡、海洛因和咖啡因的混合物，这在村里很流行，尤其对造纸工来说，这减缓了他们隆冬时站在冰河旁边清洗纸浆的痛苦。日本的占领使得毒品更为猖獗，刘玽和刘珣那时正摧毁着全家。这对刘大鹏的幼子鸿卿是最糟糕的，他二十一岁时还未成家（他的兄长们都在十几岁时成家）。刘鸿卿吃苦耐劳，并不吸食毒品，但是他的婚姻前景似乎很暗淡，因为没有人愿意把女儿嫁给有瘾君子的人家。刘鸿卿已经因没能像兄长们一样念完中学而遗憾，由于家贫，他仅念完小学，没能继续中学的学习。在刘大鹏分享的儒家伦理格局看来，孝悌本应将家人联系在一个经济、家庭单位中。那时，刘家正是照此生活的，刘大鹏和他的儿孙们生活在一起，收入共享，吃一样的东西。尽管有些男子外出工作，他们的妻子和孩子依旧生活在赤桥老家，即使没有结婚的人也应该寄钱回家。分家意味着兄弟异财，让他

---

① 刘大鹏：《退想斋日记》，第 500、525、527、533 页；2001 年 7 月对武炯生的访问；1999 年 9 月 6 日对刘佐卿的访谈。

们互相独立，在事实上给他们所应继承的财产。尽管分家不可避免，儒家道德鼓励尽可能将此推迟，尤其是父亲在世时不应分家，因为分家后父亲在经济上会依靠儿子。分家常常引起争论，当刘大鹏被请去协调处理分家事宜时，他从根本上反对分家。如今，他的妻子和儿子决定分家，他们知道他会反对，因此并没有告诉他。依照一般的实践，财产应该在兄弟之间公平分配，养老的义务也应该让兄弟们公平承担。就刘家来说，刘大鹏的二儿子刘瑄患癫痴，因此财产在四个儿子之间分配，而刘大鹏、刘妻史竹楼和可怜的刘瑄成为他们共同的负担。由于刘大鹏的长子刘玠已经过世了，刘玠的一份被他的三个儿子平分。分家让鸿卿得到四分之一财产，因此也让他可以在来年结婚（尽管他的新婚妻子不想要包办婚姻，在婚礼后不久就逃走了，再也没有回来）。分家的主要外在表现是每个兄弟自家都开始做饭，各自吃饭，但是由于刘大鹏从不进厨房，因此他的饭被端到他屋里，他根本就不知道分家这回事。①

尽管刘大鹏的信仰和道德体系被弃置不顾，但是他自己仍在村中闲逛。1942 年，就在他过世前的几个星期，他仍能走访晋祠，在一个店铺进餐，抄下贴在墙上的新实行的农产品统购管理条例。他和那些经过刘家门前到晋祠的差役聊天，发现他们是被派去为日本人挖战壕。日记中，他记录了日本人新近尝试控制当

---

① 1999 年 9 月 6 日，2002 年 8 月 7 日对刘佐卿的访谈；1997 年 9 月 17 日对赤桥村民的访谈。

地经济的努力，就像他 1890 年代开始写日记时会抱怨的那样，他说如今人们思利甚多，忽略了行为的礼仪和廉耻。他的最后一篇日记是关于天气的：他欣喜地说雨水通宵淅沥，不怕今年有秋旱了。五天后，他过世了。

* * *

对气候如此乐观的他错了。那年，雨水持续不断，最终洪水冲毁了庄稼。同时，日本人采取的农业统购政策和他们对经济的垄断继续从乡村榨取谷物。那年秋天，饥荒席卷了赤桥；到那年年底，村里一百多人丧生。通常情况下依赖买口粮度日的造纸之家首当其冲。刘大鹏的子孙至少还有土地，可以种植蔬菜，让他们熬过冬天，然而即便如此，他们也一贫如洗，最终不得不开始卖地糊口。

1949 年，取得抗战和解放战争胜利的中国共产党执掌江山。村里的第一个重大行动就是土改，将村民划分为各种阶级（地主、富农、中农、贫农），然后重新将富人的土地分配给穷人。到那时，刘大鹏的四个孙子中的三个已经离开了赤桥；精忠远在陕西，在军队中当一名司机；恕忠在太原市当医生（他因和日本人合作而痛苦余生，最终在"文革"时服过量毒品自杀身亡）；佐卿成为县警察。因此，只有刘大鹏的长孙全忠和他的三个小一些的儿子——刘珽、刘珣和鸿卿——留在村里。事实上，全忠后来在太原当了一名工人：他最初在布行作学徒，但是不久又到陶瓷

厂工作，随后又在纺织厂工作，在纺织厂他还参与了商会的组织
活动。当城市陷落在日军手里后，他逃走了，在柳子峪的煤矿找
了份工作，战事结束时他在邻近村镇的兵工厂工作。在本村，分
家后他仅得到十二分之一的财产，这意味着他有不到一亩地。因
为他曾经是城市工人且仅有少量土地，他被土改工作组划分为
"贫农"，他家得到了重分的土地。刘珊和刘珣为了抽鸦片，把地
卖了，被划为贫农。然而，可怜的鸿卿尽管得到的远不如他的兄
长们多，但是他没毒瘾，设法保留了自己继承的土地，被划为政
治上不利的"中农"。这些标签一直跟随着刘家人进入 20 世纪 80
年代。与此同时，刘家几乎失去了和刘大鹏女儿、姐妹、姑姨的
联系，她们几乎都嫁入被划分为成分最糟糕的"地主"的家庭。
这些标签控制着人们的生活。当我问起赤桥老人们刘大鹏日记中
出现的名字，除非他们和问题中的人物有联系，否则他们几乎总
是用这些（阶级成分的）术语来回答我。某某人是普通农民、富
农或地主。只有进一步的问题或者偶尔的评论才会解释这个问题
中的人可能是村里的鞋匠，无地的造纸人，或者是几个煤矿的所
有者。[①] 赤桥村民在别人眼中和在自己眼中都是农民，但是这正误
解了他们及其村庄的过去，那里几百年来一直是商业和工业而非农
业占更主要的地位。乡村作为农业空间，并且是需要国家将工业和
商业引入的地方的观感，是源自欧洲的意识形态，被现代化者接

---

① 刘大鹏：《退想斋日记》，第 388、426、498、539 页；1999 年 9 月 6 日对刘佐
卿的访谈；人们用普通农民的说法，而不区分贫农和中农。

受。但是部分而言，这一观点也有一定道理，因为到 1940 年代，大量的乡村工业和商业衰落，村民们除了耕地别无选择。

自从 20 世纪初开始，人们已将现代化等同于大规模城市工业，这渐渐让城乡人口分离。民国时期，刘大鹏的儿孙们能较容易地在城市找到工作。土改后，所有的村民至少都有一部分土地，国家希望他们生产谷物和其它粮食。政府不允许他们进城，身份证上"农民"的成分进一步强化了这一新的管理。国家补贴的农产品和其他特权被赋予注册为"工人"的人们，但是只有大规模、机械化的现代工业从业者才被看作工人。大煤矿继续运行，但是太原县大多数非机械化的浮矿纷纷倒闭。晋祠背后的山区展示了这样的画面：农耕可以继续，但是煤矿不能继续作业。如今，几乎全部的煤矿都已化为乌有。土改后，赤桥被批准造纸，但是被称为"手工业"和"副业"，这些词语暗示了其原始性，并且被限定为对农业的补充。因此，像其他村民一样，造纸工也需要生产自己所需的粮食，为国家缴纳谷物税。赤桥曾长期吸引着外来移民从事造纸业，拥有比其土地可以供养的更多人口。土改在个人之间重新分配了土地，但是并非在村庄之间分配土地，因此百分之七十曾经靠造纸赚钱、买粮度日的村民，现在需要让村里有限的土地供养。当整个国家在"大跃进"后的灾荒中挣扎时，赤桥的境况尤其悲惨，因此如今村民对 19 世纪 70 年代大饥荒的描述总是参考了 1961 年的饥荒。到 20 世纪 70 年代为止，一直被用作厕纸的手工粗纸被视为是不卫生的，因此造纸业也被放弃了。最近，很多村里的老人在过世时同他们造纸曾经使用的模具一起下葬，这些工具曾是他们因技术而获得荣耀的标志，而这些技术不再有用了。①

赤桥工业的衰落不仅是将村民划归为农民的过程的一部分，也是把农民看作过时的"封建"生活方式的代表的过程，而这种生活方式将被现代化的工业时代取代。农民被有些人认为是"落后的"（甚至整个山西有时也被认为如此），在部分人思想中，农民和儒家的封建道德一样落后。到 1950 年代，几乎再也没有人从根源上批评现代化的意识形态了，而刘大鹏在 1900 年的梦里就曾以其悖于儒学而批评过它。大多数人变得认同现代化和工业化是提高本国在国际社会中的地位、提高生活水平的核心。这一模式的问题是，对部分村民来说，作为农民，他们觉得自己被边缘化了，甚至被此抛弃。

或许因此，自从 20 世纪 80 年代开始，有一股对儒学复兴的兴趣。这并非简单地回到过去。儒家和国家分离，不再和科举、教育制度一致，而是已经与它们分裂，结果它在不同的机制和社会语境中命运也不同。在商业领域，儒家道德在 20 世纪 20 年代和 30 年代一直都非常重要，因为法律规章的不完善意味着个人的信任和声望仍至关重要。建立于迥异的道德秩序之上且用不同的制度提供信用、解决纠纷的强大国家权力涤荡了人们对儒家道德的需求，尽管目前对号称"儒家商业伦理"的研究热情意味着它可能以某种形式归来。在家庭内部，国家对儒家的放弃让家庭

---

① 参阅 Eyferth（雅可布），"De-Industrialization in the Chinese Countryside"；中共山西省委党史研究室：《山西新区土地改革》，第 373 页。

自由享有孝顺情感的一面，强调个人近亲的亲密关系。家庭关系既源自这种情感的亲密，又得到共同体的容忍，使得家庭成为少数能在 20 世纪六七十年代的特殊时期抵抗外部干涉的领域。到政治环境松动的 20 世纪 80 年代，一些农民开始强调孝心的展现，尤其是通过婚礼、丧礼、新年礼仪。① 在北大寺，武家已经重修了他们的祖庙，我的朋友武炯生（二十多岁）写信告诉我"如今很多儿女不孝顺父母，真是让人心碎"。② 武炯生不乐观的态度让刘大鹏的观念具有了意义，刘大鹏一生都在抱怨其他村民如此不孝。从严格意义上说，儒家的价值观总是和人们习惯的行为方式有所凿枘。当国家放弃了儒家思想，也不奇怪它能被以与国家相反的方式再造。

现代化进程重写了道德秩序，也重塑了地理空间。在政府优先的基础上，政治决策制造、发展和改变了边界、公路、铁路、工业和城市。正是这些政治决策，而非实际地理，使得一些地区变成重要的中心，而另一些变成边缘地区。正如彭慕兰指出的，作为现代化事业核心的政治决策重新塑造了中国的地理。一些地区因此受益：最突出的例子是像上海和天津这样的口岸贸易城

---

① 罗志田：《清季科举制》；流心：《在自己的阴影里：改革后中国农村生存条件的田野报告》，第 156 页；Kipnis, "Producing Guanxi"（关系的产生：一个华北村落的情感、自我、与副文化）。我不同意波特（Potter）在《中国乡村社会生活中感情的文化构建》（"The Cultural Construction of Emotion in Rural Chinese Life"）中的观点，对我来讲，这似乎反映了村民的政治弱点和彼时在中国开展田野调查的困难，而非对感情的态度。

② 2002 年 2 月 23 日武炯生来信。

市；但也包括太原，作为山西省会而获得了巨额投资；甚至还有坐落在新铁路线上的榆次县。其他一些地区则输掉了，和其他省份相比，整个山西省——尤其是山西的乡村地区——即是如此。

山西村民在现代化进程中表现得并不太出色，不过如今赤桥相对繁荣。20 世纪 80 年代的政治改革让村民们又得以开办商业，赤桥家家户户首先参与其中。一些村里的妇女创办了生产儿童服装的企业，货物在中国——颇讽刺意味的是——经天津到俄国，销路很旺。如今，村子将被太原吞并，太原离赤桥村虽曾有一天的车程，但正在极速扩张。很多村里的男人以开出租车或者私营的汽车为生。在附近，大型的、昂贵的住宅被建造起来，将城市扩建到晋祠的新规划已形成。当地人会失去他们的土地而成为城里人。晋祠自身也会变成一个主要的旅游城市，这一过程将牵涉拆掉大部分市镇，像附近的北大寺，在新建的公寓楼里重新安置拆迁居民。赤桥的大部分及其周围的村落或许将被城市吞噬。考虑到这一现代化进程最终带来的城乡生活水平的巨大差异，这可能是自 20 世纪初开始的现代化进程最好的、最合理的结局。这无疑带给下一代更多的机会，但是它也让人们背井离乡，破坏了持续多年的乡里。正如 20 世纪前十年以后所发生的一切，现代化国家强势推进改革，而被卷入其中的普通百姓的感受和经历变革而付出的巨额代价有时被考虑不足。

参 考 书 目

Amelang, James S. *The Flight of Icarus: Artisan Autobiography in Early Modern Europe.* Stanford, Calif.: Stanford University Press, 1998.

American Board of Commissioners of Foreign Missions, Shansi Mission. *Chinese map of Shansi Province 1881.* Houghton Library, Harvard University, 1881.

___. Minutes of the Sixth Annual Meeting of the Shansi Mission of the American Board, 1988. Houghton Library, Harvard University.

An Jiesheng. "Qingdai Shanxi zhongshang fengshang yu jiexiao funu chuxian" (The custom of emphasizing trade and the appearance of chaste women in Qing dynasty Shanxi). *Qingshi yanjiu*, vol. 1 (2001).

Arkush, David. "Orthodoxy and Heterodoxy in Twentieth-Century Chinese Peasant Proverbs." In Kwang-Ching Liu, ed., *Orthodoxy in Late Imperial China.* Berkeley: University of California Press, 1990.

Ayers, William. *Chang Chih-tung and Educational Reform in China.* Cambridge, Mass.: Harvard University Press, 1971.

Barr, Alan. "Four Schoolmasters: Educational Issues in Li Hai-kuan's *Lamp at the Crossroads.*" In Benjamin A. Elman and Alexander Woodside, eds., *Education and Society in Late Imperial China, 1600–1900.* Berkeley: University of California Press, 1994.

Beattie, Hilary J. *Land and Lineage in China: A Study of T'ung-ch'eng County, Anhwei, in the Ming and Ch'ing Dynasties.* Cambridge, Eng.: Cambridge University Press, 1979.

Beidasi villagers (group interviews and general conversations). Beidasi, 2 Aug. 2001.

Bockman, Rosser H. "Commercial Contract Law in Late Nineteenth-Century Taiwan." In Jerome Alan Cohen, R. Randle Edwards, and Fu-mei Chang Chen, eds., *Essays on China's Legal Tradition.* Princeton, N.J.: Princeton University Press, 1980.

Bohr, Paul Richard. *Famine in China and the Missionary: Timothy Richard as Relief Administrator and Advocate of National Reform, 1876–1884.* Cambridge, Mass.: East Asian Research Center, Harvard University, 1972.

Bourdieu, Pierre. *The State Nobility: Elite Schools in the Field of Power.* Cambridge, Eng.: Polity Press, 1998, and Stanford, Calif.: Stanford University Press, 1998.

Buck, John Lossing. *Chinese Farm Economy.* Shanghai: Commercial Press, 1930.

Cao Xinyu. "Qingdai Shanxi de liangshi fanyun lunxian" (Grain transport routes in Qing dynasty Shanxi). *Zhongguo lishi dili luncong*, no. 2 (1998).

Chang Chiao-fu. "General Living Conditions of the Peasants in middle Shansi." In Institute of Pacific Relations, ed., *Agrarian China: Selected source materials from Chinese authors.* London: Allen & Unwin, 1939.

Chang Chung-li. *The Chinese Gentry: Studies on Their Role in Nineteenth-Century Chinese Society.* Seattle: University of Washington Press, 1955.

Chang Zanchun. *Xijing caotang ji* (Collected works from the West Path hut). 1934.

Chen Han-seng. "The Good Earth of China's Model Province." *Pacific Affairs*, vol. 9, no. 3 (1936).

Chen Zuogao. *Zhongguo riji shilue* (A brief history of Chinese diaries). Shanghai: Shanghai fanyi chuban gongsi, 1990.

China's Millions. 1878.

Chiqiao villagers (Group interviews and general conversations). Chiqiao 8–11 Sept. 1997, 4 Aug. 1999, 2 Aug. 2001.

Chongxiu Taiyuan xian zhi (New ed. Taiyuan county gazetteer), 1713.

Ch'ü T'ung-tsu. *Local Government in China under the Ch'ing.* Cambridge, Mass.: Harvard University Press, 1962.

Clunas, Craig. *Superfluous Things: Material Culture and Social Status in Early Modern China.* Cambridge, Eng.: Polity Press, 1991.

Cohen, Myron. "Lineage Organization in North China." *Journal of Asian Studies*, vol. 49, no. 3 (1990).

Cohen, Paul A. *History in Three Keys: The Boxers as Event, Experience, and Myth.* New York: Columbia University Press, 1997.

Dagongbao. Tianjin. 1911–12.

Davis, A. R. "The Narrow Lane: Some Observations on the Recluse in Traditional Chinese Society." *East Asian History*, vol. 11 (1996).

Duara, Prasenjit. *Culture, Power, and the State: Rural North China, 1900–1942.* Stanford, Calif.: Stanford University Press, 1988.

Ebrey, Patricia Buckley. *Confucianism and Family Rituals in Imperial China: A Social History of Writing about Rites.* Princeton, N.J.: Princeton University Press, 1991.

Edgerton, Kathryn. The Semiotics of Starvation: Famine Imagery in North China 1876–79. Ph.D. diss., Indiana University, 2002.

Edwards, E. H. *Fire and Sword in Shansi: The Story of the Martyrdom of Foreigners and Chinese Christians.* Edinburgh: Oliphant, Anderson & Ferrier, 1908.

Elman, Benjamin A. *A Cultural History of Civil Examinations in Late Imperial China.* Berkeley: University of California Press, 2000.

———. "The relevance of Sung Learning in the Late Ch'ing: Wei Yuan and the Huang-ch'ao ching-shih wen-pien." *Late Imperial China*, vol. 9, no. 2 (1988).

Elvin, Mark. "Who Was Responsible for the Weather? Moral Meteorology in Late Imperial China." *Osiris*, vol. 13 (1998).

Eyferth, Jacob. "De-industrialization in the Chinese Countryside: Handicrafts and develoment in Jiajiang (Sichuan), 1935 to 1978." *China Quarterly*, vol. 173 (2003).

Feng Hefa, ed. *Zhongguo nongcun jingji ziliao* (Economic materials on Chinese villages). Shanghai: Liming shuju, 1933.

Fincher, John H. *Chinese Democracy: The Self-Government Movement in Local, Provincial, and National Politics, 1905–1914*. New York: St Martin's Press, 1981.

Fitzgerald, John. *Awakening China: Politics, Culture, and Class in the Nationalist Revolution*. Stanford, Calif.: Stanford University Press, 1996.

Fullerton, W. Y., and C. E. Wilson. *New China: A Story of Modern Travel*. London: Morgan & Scott, 1909.

Gardella, Robert P. "Qing Administration of the Tea Trade: Four Facets over Three Centuries." In Jane Kate Leonard and John R. Watt, eds., *To Achieve Security and Wealth: The Qing Imperial State and the Economy, 1644–1911*. Ithaca, N.Y.: Cornell East Asia Series, 1992.

___. "Squaring Accounts: Commercial Bookkeeping Methods and Capitalist Rationalism in Late Qing and Republican China." *Journal of Asian Studies*, vol. 51, no. 2 (1992).

Gillin, Donald D. *Warlord: Yen Hsi-shan in Shansi Province 1911–1949*. Princeton, N.J.: Princeton University Press, 1967.

Gugong bowuyuan Ming Qing dang'anbu, ed. *Yihetuan dang'an shiliao* (Archival sources on the Boxers). Beijing: Zhonghua shuju, 1959.

Gu Linzhi. *Shanyou yanyu ji* (Notes on Shanxi criminal cases). 1899.

Guo Yuanzhou. "Feng Yuxiang jiangjun zai Jinci" (General Feng Yuxiang in Jinci). *Taiyuan wenshi ziliao*, no. 6 (1987).

___. *Yidai mingchen Wang Qiong* (Wang Qiong, a famous minister of his age). Taiyuan: Wang shi yanjiuhui, 1991.

Hao Shoushen, Shi Yongquan, Hao Xiu. "Taiyuan xian yigaoxiao ji qi chuangbanzhe" (Taiyuan county Number 1 Primary School and its founders). *Jinyang wenshi ziliao*, vol. 3 (1990).

Harrison, Henrietta. "Newspapers and Nationalism in Rural China." *Past and Present*, no. 166 (2000).

___. "Village Politics and National Politics: The Boxers in Central Shanxi." In Robert Bickers, ed., *1900: The Boxers, China, and the World*. Unpublished ms.

He Hanwei. *Guangxu chunian (1876–79) Huabei de da hanzai* (The great North China famine of the early Guangxu period, 1876–79). Xianggang: Zhongwen daxue chubanshe, 1980.

Hershatter, Gail. *The Workers of Tianjin, 1900–1949*. Stanford, Calif.: Stanford University Press, 1986.

Hinton, William. *Fanshen: A Documentary of Revolution in a Chinese Village*. New York: Vintage, 1966.

Hou Shaobai. "Xinhai geming Shanxi qiyi jishi" (Notes on the 1911 revolution uprising in Shanxi). *Shanxi wenshi ziliao*, no. 1 (1961).

Hsiung, Ping-chen. "Constructed Emotions: The Bond between Mothers and Sons in Late Imperial China." *Late Imperial China*, vol. 15, no. 1 (1994).

___. "The Domestic, the Personal, and the Intimate: Changing Father-Daughter Bonds in Late Imperial China." Unpublished paper.

___. "Treading the Weedy Path: T'ang Chen (1630–1704) and the World of the Confucian Middlebrow." In Kai-wing Chow, On-cho Ng, and John B. Henderson, eds., *Imagining Boundaries: Changing Confucian Doctrines, Texts and Hermeneutics*. Albany: State University of New York Press, 1999.

Hu Yuxian, Wu Dianqi. "Qiao 'Zaizhongtang' jianjie" (A brief introduction to the Qiao family Zaizhongtang). In Lu Chengwen, Qi Fengyi, Nie Yuanyou, *Shanxi fengsu minqing* (Shanxi customs and folklore). Taiyuan: Shanxi sheng difangzhi bianzuan weiyuanhui, 1987.

Huang Guoliang. "Huang Guoliang zishu" (Autobiography of Huang Guoliang). *Shanxi wenshi ziliao*, vol. 3 (1962).

Huang Jianhui. *Shanxi piaohao shi* (A history of the Shanxi banks). Taiyuan: Shanxi jingji chubanshe, 1992.

Huang, Philip. "Between Informal Mediation and Formal Adjudication: The Third Realm in Qing Civil Justice." *Modern China*, vol. 19, no. 3 (1993).

Jing Meijiu. "Zuian (juelu)" (Details of a criminal case [extracts]). In Zhongguo shehui kexueyuan jindaishi yanjiusuo jindaishi ziliao bianjizu, ed., *Xinhai geming ziliao leibian* (Edited materials on the 1911 revolution). Beijing: Zhongguo shehui kexue chubanshe, 1981.

Jinzhong diquzhi (Central Shanxi district gazetteer). Taiyuan: Shanxi renmin chubanshe, 1993.

Judd, Ellen R. "Niangjia: Chinese Women and Their Natal Families." *Journal of Asian Studies*, vol. 48, no. 3 (1989).

Kipnis, Andrew B. *Producing Guanxi: Sentiment, Self, and Subculture in a North China Village*. Durham, N.C.: Duke University Press, 1997.

Ko, Dorothy. *Teachers of the Inner Chambers: Women and Culture in Seventeenth-Century China*. Stanford, Calif.: Stanford University Press, 1994.

Kuroda Akinobu. "Nijittsu shoki Taigen gen ni miru chiiki keizai no genki" (The boundaries of regional economies: the case of Taiyuan county in the early twentieth century). *Tōyōshi kenkyu*, vol. 54, no. 4 (1996).

Kutcher, Norman. *Mourning in Late Imperial China: Filial Piety and the State*. Cambridge, Eng.: Cambridge University Press, 1999.

Kwong, Charles Yim-tze. *Tao Qian and the Chinese Poetic Tradition: The Quest for Cultural Identity*. Ann Arbor: Center for Chinese Studies, University of Michigan, 1994.

Li Chenyang, ed. *The Sage and the Second Sex: Confucianism, Ethics, and Gender*. Chicago: Open Court, 2000.

Li Fubin. "Qingdai zhonghouqi Zhili Shanxi chuantong nongyequ kenzhi shulun" (An account of land reclamation in the traditional agricultural areas of Zhili and Shanxi during the mid- and late Qing). *Zhongguo lishi dili luncong*, no. 2 (1994).

Li Huaizhong. "Wan Qing ji Minguo shiqi Huabei cunzhuangzhong de xiangdizhi—yi Hebei Huolu xian wei li" (The village government system in north China villages during the late Qing and Republic: a case study of Huolu county, Hebei). *Lishi yanjiu*, no. 6 (2001).

Li Jupu. *Keshi yulu* (Sayings of a scholar). Taibei: Shanxi wenxian congshu, 1983.

Li Sanmou, Zhang Wei. "Wan Qing Jinshang yu cha wenhua" (Shanxi merchants and tea culture in the late Qing). *Qingshi yanjiu* (Qing history research), no. 1 (2001).

Li Shiyu. "Hu Ying" (Hu Ying). *Taiyuan wenshi ziliao*, vol. 8 (1987).

Li Yuanqing, Sun Anbang, eds. *San Jin yibai mingren pingzhuan* (Biographies of three hundred famous Shanxi men). Taiyuan: Shanxi renmin chubanshe, 1992.

Liang Qichao. *Wuxu zhengbian ji* (A record of the coup of 1898). Taibei: Zhonghua shuju, 1936 ed.

Liu Dapeng. Gongfei rao Jin jilue (Brief account of the Communist bandit's harassment of Shanxi). Manuscript. Shanxi Provincial Library.

———. *Jinci zhi* (Jinci gazetteer), ed. Mu Xiang and Lu Wenxing. Taiyuan: Shanxi renmin chubanshe, 1986.

———. Jinshui zhi (Jin river gazetteer). Manuscript. Private collection of Wen Jie, Chiqiao, Shanxi.

———. "Qianyuan suoji" (Brief notes from Qian garden). In Qiao Zhiqiang, ed., *Yihetuan zai Shanxi diqu shiliao* (Historical materials on the Boxers in Shanxi). Taiyuan: Shanxi renmin chubanshe, 1980.

———. Taiyuan xian xianzhuang yipie (A glance at present conditions in Taiyuan county). Photocopy of manuscript. Shanxi Provincial Library.

———. *Tuixiangzhai riji* (Diary from the chamber to which one retires to ponder). Manuscript, Shanxi Provincial Library.

———. *Tuixiangzhai riji* (Diary from the chamber to which one retires to ponder), ed. Qiao Zhiqiang. Taiyuan: Shanxi renmin chubanshe, 1990.

———. "Tuixiangzhai riji" (Diary from the chamber to which one retires to ponder). In *Jindaishi ziliao Yihetuan ziliao* (Modern history materials, Boxer materials). Beijing: Zhongguo shehui kexue chubanshe, 1990.

Liu Jiansheng and Liu Pengsheng. *Shanxi jindai jingjishi* (An economic history of modern Shanxi). Taiyuan: Shanxi jingji chubanshe, 1995.

Liu Rongting. "Shanxi Qixian Dongzuodun, Xizuodun liang cun ji Taigu xian Yangyi zhen, Pingyao xian Daobeicun jingshangzhe xiankuang diaocha zhi yanjiu" (Research on an investigation into the present conditions of businessmen in the two villages of Dongzuodun and Xizuodun in Qixian county, Yangyi town in Taigu county, and Daobei village in Pingyao county, Shanxi). *Xin nongcun* no. 22 (1935).

Liu Weiyi. *Shanxi lishi renwu zhuan* (Biographies of Shanxi historical figures). Shanxi sheng difangzhi bianzuan weiyuanhui bangongshi, 1983.

Liu Wenbing. *Xugou xianzhi* (Xugou county gazetteer). Taiyuan: Shanxi renmin chubanshe, 1992.

Liu Xin. *In One's Own Shadow: An Ethnographic Account of the Condition of Post-Reform Rural China*. Berkeley: University of California Press, 2000.

Liu Zuoqing (Liu Dapeng's grandson, b. 1926). Interviews 6 Aug. 1999, 6 Sept. 1999, 28 July 2001, 7 Aug. 2002.

Lu Jun. "Xibei shiye gongsi he Shanxi jindai gongye" (The Northwestern industrial company and Shanxi's modern industry). *Shanxi wenshi ziliao*, no. 63 (1989).

Lufrano, Richard John. *Honorable Merchants: Commerce and Self-Cultivation in Late Imperial China*. Honolulu: University of Hawai'i Press, 1997.

Luo Houli, Ge Jiayuan. "Jindai Zhongguo de liangge shijie—yige neidi xiangshen yanzhong de shishi bianqian" (The two worlds of modern China: political change in the eyes of a country gentleman in China's interior). *Dushu*, no. 10 (1996).

Luo Zhitian. "Kejuzhi de feichu yu simin shehui de jieti—yige neidi xiangshen yanzhong de jindai shehui bianqian" (The abolition of the examination system and the disintegration of the four-class society: social change in the eyes of a local literatus). *Qinghua xuebao*, vol. 25, no. 4 (1995).

———. "Qingji kejuzhi gaige de shehui yingxiang" (The social influence of the late Qing reforms to the examination system). *Zhongguo shehui kexue* 1998, no. 4.

———. "Sixiang guannian yu shehui juese de cuowei: Wuxu qianhou Hunan xinjiu zhi zheng zai si—cezhong Wang Xianqian yu Ye Dehui (The intricate connections between philosophical attitudes and social roles: rethinking the contest between old and new in Hunan before 1898—emphasizing Wang Xianqian and Ye Dehui). *Lishi yanjiu* no. 5 (1998).

MacGaffey, Wyatt. *Kongo Political Culture: The Conceptual Challenge of the Particular*. Bloomington: Indiana University Press, 2000.

MacKinnon, Stephen R. *Power and Politics in Late Imperial China: Yuan Shi-kai in Beijing and Tianjin, 1901–1908*. Berkeley: University of California Press, 1980.

Mann, Susan. "The male bond in Chinese History and Culture." *American Historical Review*, vol. 105, no. 5 (2000).

McElderry, Andrea. "Confucian Capitalism? Corporate Values in Republican China." *Modern China*, vol. 12, no. 3 (1986).

Meskill, Johanna Menzel. *A Chinese Pioneer Family: The Lins of Wu-feng, Taiwan, 1729–1895*. Princeton, N.J.: Princeton University Press, 1979.

Messner, Angelika. "Emotions in Late Imperial Chinese Medical Discourse: A Preliminary Report." *Ming Qing Yanjiu*, 2000.

Mu Xiang. *Jinyang qiu* (Autumn in Jinyang). Beijing: Jiefangjun wenyishe, 1964.

———. *Man shan hong* (The mountains are red). Beijing: Jiefangjun wenyishe, 1978.

Muldrew, Craig. "'Hard Food for Midas': Cash and Its Social Value in Early Modern England." *Past and Present*, no. 170 (2001).

Ng On-cho. *Cheng-Zhu Confucianism in the Early Qing: Li Guangdi (1642–1718) and Qing Learning*. Albany: State University of New York Press, 2001.

Nivison, David S. "Protest against Conventions and Conventions of Protest." In Arthur F. Wright, ed., *The Confucian Persuasion*. Stanford, Calif.: Stanford University Press, 1960.

North China Herald, Shanghai.

Owen, Stephen. "The Self's Perfect Mirror: Poetry as Autobiography." In Shuen-fu Lin and Stephen Owen, eds., *The Vitality of the Lyric Voice: Shih Poetry from the Late Han to the T'ang*. Princeton, N.J.: Princeton University Press, 1986.

"Plight of the Shansi Peasantry." *The People's Tribune*, 16 Jan. 1932.

Pomeranz, Kenneth. *The Making of a Hinterland: State, Society, and Economy in Inland North China, 1853–1937*. Berkeley: University of California Press, 1993.

———. "'Traditional' Chinese Business Forms Revisited: Family, Firm, and Financing in the History of the Yutang Company of Jining, 1779–1956." *Late Imperial China*, vol. 18, no. 1 (1997).

———. "Water to Iron, Widows to Warlords: The Handan Rain Shrine in Modern Chinese History." *Late Imperial China*, vol. 12, no. 1 (1991).

Potter, Sulamith Heins. "The Cultural Construction of Emotion in Rural Chinese Social Life." *Ethos*, vol. 16 (1988).

Prazniak, Roxann. *Of Camel Kings and Other Things: Rural Rebels against Modernity in Late Imperial China*. Lanham, Md.: Rowman & Littlefield, 1991.

Price, Eva Jane. *China Journal, 1889–1900: An American Missionary Family During the Boxer Rebellion*. New York: Scribners, 1989.

Public Record Office. London. FO 228.

Qi Yu. "Dameng, Huangzhai, Qinglongzhen san cun fangwen ji" (Notes on interviewing in the three villages of Dameng, Huangzhai, and Qinglongzhen). *Xin nongcun*, nos. 3–4 (1933).

Qingdai riji huichao (Selections from Qing dynasty diaries). Shanghai: Shanghai renmin chubanshe, 1982.

Qingxu xianzhi (Qingxu county gazetteer). Taiyuan: Shanxi guji chubanshe, 1999.

Qu Shaomiao and Pang Yicai. *Shanxi waimao zhi* (An account of Shanxi's foreign trade). Taiyuan: Shanxi sheng difangzhi bianzuan weiyuanhui bangongshi, 1984.

Report of the Committee of the China Famine Relief Fund. Shanghai: American Presbyterian Mission Press, 1879.

Richard, Timothy. *Forty-Five Years in China*. London: T. Fisher Unwin, 1916.

Richthofen, Ferdinand von. *Baron Richthofen's Letters, 1870–1872*. Shanghai:, North China Herald, 1903.

Ross, Edward Alsworth. *The Changing Chinese: The Conflict of Oriental and Western Cultures in China*. New York: Century, 1912.

Rowe, William T. *Saving the World: Chen Hongmou and Elite Consciousness in Eighteenth-Century China.* Stanford, Calif.: Stanford University Press, 2001.
___. "Success Stories: Lineage and Elite Status in Hanyang County, Hubei, c. 1368–1949." In Joseph W. Esherick and Mary Backus Rankin, eds., *Chinese Local Elites and Patterns of Dominance.* Berkeley: University of California Press, 1990.
Sands, Barbara N. "Agricultural Decision-Making under Uncertainty: The Case of the Shanxi Farmers, 1931–1936." *Explorations in Economic History,* vol. 26 (1989).
Santangelo, Paolo. "Human Conscience and Responsibility in Ming-Qing China." *East Asian History,* no. 4 (1992).
___. *Le Passioni nella Cina.* Venice: Marsilio, 1997.
Schofield, A. T., ed. *Memorials of R. Harold A. Schofield M.A., M.B. (Oxon.) (Late of the China Inland Mission), First Medical Missionary to Shan-si, China.* London: Hodder & Stoughton, 1885.
Schofield, Harold. *Second Annual Report of the Medical Mission at T'ai-yuen-fu, Shansi, North China, in Connection with the China Inland Mission.* Shanghai: American Presbyterian Mission Press, 1883.
Schoppa, R. Keith. *Chinese Elites and Political Change: Zhejiang Province in the Early Twentieth Century.* Cambridge, Mass.: Harvard University Press, 1982.
Scott, Charles Perry. *An Account of the Great Famine in North China, 1876–79, Drawn from Official Sources; Together with an Appendix of Extracts from Private Letters.* Hull: Kirk & Sons, 1885.
Shanxi kuangwu zhilue (A brief survey of Shanxi minerals). c. 1919.
Shanxi ribao (Shanxi daily). 1919–20.
Shanxi sheng dang'anguan (Shanxi Provincial Archives). Taiyuan. Shanxi.
Shanxi sheng zhengxie wenshi ziliao yanjiu weiyuanhui, ed. *Yan Xishan tongzhi Shanxi shishi* (A true history of how Yan Xishan ruled Shanxi). Taiyuan: Shanxi renmin chubanshe, 1981.
Shanxi ziyiju diyijie changnian huiyi juean (Decisions of the first standing committee of the Shanxi Consultative Assembly). 1909.
Shi Jianyun. "Shangpin shengchan, shehui fengong yu shengchanli jinbu—jindai Huabei nongcun shougongye de biange" (Commercial production, social division of labor and improvements in productivity: changes in handicraft industries in modern north China villages). *Zhongguo shehui jingjishi yanjiu,* no. 4 (1998).
Shi Rongchang. "Gengzi ganshi shi" (Poems in response to 1900). *Jindaishi ziliao,* no. 11 (1956).
Shi Yongquan. "Kangrizhan qian Taiyuan xiancheng de gongshangye gaikuang" (The condition of trade and industry in Taiyuan county town before the war of resistance against Japan). *Jinyang wenshi ziliao,* vol. 2 (1990).
___. *Taiyuan shi nanjiaoqu jiaoyu zhi 1840–1990* (Taiyuan city southern suburban district education gazetteer 1840–1990). Taiyuan shi nanjiaoqu jiaoyu zhi bianweihui, 1992.

Sishu wujing Song yuanren zhu (The Four Books and Five Classics with the Song commentaries). Shanghai: Shijie shuju, 1936.

Siu, Helen F. "The Grounding of Cosmopolitans: Merchants and Local Cultures in Guangdong." In Wen-hsin Yeh, ed., *Becoming Chinese: Passages to Modernity and Beyond*. Berkeley: University of California Press, 2000.

Smith, Arthur H. *Village Life in China: A Study in Sociology*. New York: Revell, 1899.

Spence, Jonathan. *The Death of Woman Wang*. London: Weidenfeld & Nicolson, 1978.

Strand, David. "Citizens in the Audience and at the Podium." In Merle Goldman and Elizabeth J. Perry, eds., *Changing Meanings of Citizenship in Modern China*. Cambridge, Mass.: Harvard University Press, 2002.

Taigu xianzhi (Taigu county gazetteer). 1931.

___. Taiyuan: Shanxi renmin chubanshe, 1993.

Taiyuan fuzhi (Taiyuan prefecture gazetteer). Taiyuan: Shanxi renmin chubanshe, 1991.

"Taiyuan qiyi mujiji" (Eyewitness accounts of the Taiyuan uprising). *Shanxi wenshi ziliao*, vol. 1 (1961).

Taiyuan shi nanjiaoqu zhi (Taiyuan city southern suburban district gazetteer). Beijing: Sanlian shudian, 1994.

Taiyuan xian xianzheng shi nian jianshi jihua an (Record of the ten-year construction plan for Taiyuan county administration). 1934.

Taiyuan xian xuzhi (Appendix to the gazetteer of Taiyuan county). 1882.

Taiyuan xian zhi (Taiyuan county gazetteer). 1552.

___. 1826.

Taiyuan Xishan kuangwuju Xishan meikuangshi bianxiezu. *Xishan meikuang shi* (A history of coal mining in the Western Hills). 1961.

Tao Yuanming. *Tao Yuanming zuopin quanji* (The complete works of Tao Yuanming). Gaoxiong: Qiancheng chubanshe, 1985.

Thompson, Roger R. *China's Local Councils in the Age of Constitutional Reform, 1898–1911*. Cambridge, Mass.: Council on East Asian Studies, Harvard University, 1995.

Wang Dingnan. "Xinhai geming Taiyuan shangmin zaoshou qiangque de qingkuang" (How the Taiyuan merchants were robbed in the 1911 revolution). *Shanxi wenshi ziliao*, vol. 9 (1964).

Wang Jiaju. "Shanxi daxuetang chuchuang shinianjian" (The first ten years after the founding of Shanxi University). *Shanxi wenshi ziliao*, vol. 5 (1963).

Wang Shuren. "Taiyuan xian de tuiche" (Taiyuan county wheelbarrows). *Jinyang wenshi ziliao*, vol. 4 (1995).

Wang Sixian. "Shanxi xuesheng wusi yundong ersan shi" (Two or three things about the Shanxi students' May 4th Movement). *Shanxi wenshi ziliao*, vol. 5 (1963).

Wang Yeh-chien. *Land Taxation in Imperial China, 1750–1911*. Cambridge, Mass.: Harvard University Press, 1973.

Wangguo villagers. Group interview, 3 Aug. 1999.

Wen Guichang. *Shanxi nongyan daquan* (Complete Shanxi farming proverbs). Shanxi sheng difangzhi bianzuan weiyuanhui, 1986.

Wen Xing. *Shanxi minsu* (Shanxi folk customs). Taiyuan: Shanxi renmin chubanshe, 1991.

Wesleyan Methodist Missionary Society Archive. School of Oriental and African Studies. London.

Williamson, Alexander. *Journeys in North China, Manchuria, and Eastern Mongolia; with Some Account of Corea.* London: Smith, Elder, 1870.

Woodside, Alexander. "State, Scholars and Orthodoxy: The Ch'ing Academies, 1736–1836." In Kwang-ching Liu, ed., *Orthodoxy in Late Imperial China.* Berkeley: University of California Press, 1990.

Wright, Tim. *Coal Mining in China's Economy and Society, 1895–1937.* Cambridge, Eng.: Cambridge University Press, 1984.

Wu Pei-yi. *The Confucian's Progress: Autobiographical Writings in Traditional China.* Princeton, N.J.: Princeton University Press, 1990.

Wu Jiongsheng [Beidasi village resident, local historian]. Interviews, 3 Aug. 1999, 2 Aug. 2001.

___. Letter 25 Aug. 2000 (reports his interviews with elderly people in Beidasi village).

Wu Shouming. *Taigu xian Guanjiabu cun diaocha baogao* (Report on an investigation into Guanjiabu village, Taigu county). Manuscript. 1935. Collection of Professor Xing Long, Shanxi University.

Wu xing yu Wang Zhang liang xing (The Wu family and the Wang and Zhang families). Inscription in the Wu Family Ancestral Hall, Beidasi village.

Wu Xiufeng. "Taigu jiaoyu zhi (shigao) jiexuan" (Extracts from a draft gazetteer of Taigu education). *Taigu shizhi ziliao xuan* (Selected materials for Taigu historical gazetteer), vol. 5 (1986).

Wu Zhenhua and Hao Shoushen. "Feng Yuxiang jiefang budaiyao" (Feng Yuxiang liberates the sack mines). *Jinyang wenshi ziliao*, vol. 3 (1990).

Xiong Xiling. *Shanxi zhengzhi zhi mianmian guan* (A view of every aspect of Shanxi government). 1925.

Xue Dubi. "Taiyuan qiyi he Hedong guangfu de pianduan huiyi" (Fragmentary reminiscences of the Taiyuan uprising and the 1911 revolution in Hedong). *Shanxi wenshi ziliao*, no. 4 (1962).

Yan Xishan. *Yan Bochuan xiansheng quanji* (Complete works of Mr Yan Xishan). 1928.

Yang, Martin C. *A Chinese Village: Taitou, Shantung Province.* New York: Columbia University Press, 1945.

Yang Ruo. "Shanxi nongcun shehui zhi yi ban" (The situation of Shanxi village society). *Xin nongcun*, vol. 2 (1933).

Yang Shenxiu. "Yang Yichun shi yu zougao" (Memorials of censor Yang Shenxiu). In *Wuxu liu junzi yiji* (Collected writings left by the six martyrs of 1898). Taibei: Wenhai chubanshe, 1966.

Yang Wei. "Shanxi nongcun pochan de yuanyin" (The reasons for the bankruptcy of Shanxi villages). *Xin nongcun*, nos. 3–4 (1933).

Ye Fuyuan. "Xinhai Taiyuan qiyi zhuiji" (Notes tracing the 1911 uprising in Shanxi). *Shanxi wenshi ziliao*, vol. 1 (1961).

Yeh Wen-hsin. *Provincial Passages: Culture, Space, and the Origins of Chinese Communism*. Berkeley: University of California Press, 1996.

Ying Kui. "Lancun, Zhifang, Chiqiao san cun zhi caozhi diaocha" (An investigation into the paper made from straw in the three villages of Lancun, Zhifang and Chiqiao). *Xin nongcun* (Taiyuan), Nos. 3–4 (1933).

Yoshinami Takashi. "*Shinshishi* yorimita Shinsui shi kyo no suiri kangai" (Water utilization and irrigation from the four channels of the Jin river from a reading of the *Jinci Gazetteer*). *Shigaku kenkyu* (Review of Historical Studies), no. 170 (1986).

Yu Yingshi. *Zhongguo jinshi zongjiao lunli yu shangren jingshen* (Modern China's religious ethics and the commercial spirit). Taibei: Lianjing, 1987.

Zeng Wenzheng. *Zeng Wenzheng gong quanji* (Collected works of Mr Zeng Guofan). Shanghai: Dongfang shuju, 1935.

Zhang Shouan. "Saoshu wu fu, qing he yi kan?—Qingdai 'Lizhi yu renqing zhi chongtu' yili" (For a brother-in-law not to wear mourning for his sister-in-law, how can it be endured?—The Qing dynasty debate on "the conflict between ritual and emotion"). In Xiong Bingzhen and Lu Miaofen, eds., *Lijiao yu qingyu: Qianjindai Zhongguo wenhua zhong de hou/xiandai qing* (Neo-Confucian orthodoxy and human desires: post/modernity in late imperial Chinese culture). Taibei: Zhongyang yanjiuyuan jindaishi yanjiusuo, 1999.

Zhang Zhengming. *Jinshang xingshuai shi* (A history of the rise and fall of the Shanxi merchants). Taiyuan: Shanxi guji chubanshe, 1995.

___. *Shanxi lidai renkou tongji* (Shanxi historical population statistics). Taiyuan: Shanxi renmin chubanshe, 1992.

Zhao Binglin. *Kuangtu cehui xuzhi* (Essential knowledge about mineral surveying). Taiyuan: 1918.

Zhao Bochu. "Yangquan mei de bu zhenxing tongzhi" (The structure of Yangquan coal that fails to promote vigorous development). *Zhonghua shiye yuekan* (China industrial monthly), 28 Dec. 1935.

Zhao Tian. *Suwei zhai wencun* (Collected essays from a simple abode). 1919.

Zheng Banqiao. *Zheng Banqiao quanji* (Complete works of Zheng Banqiao). Jinan: Jilu shushe, 1985.

Zheng Xianglin (Chiqiao village resident, former Jinci township head). Interviews. Chiqiao. 3 Aug. 1999, 2 Aug. 2001.

Zhonggong Shanxi shengwei dangshi yanjiushi, ed. *Shanxi xinqu tudi gaige* (Land reform in the new districts of Shanxi). Taiyuan: Shanxi renmin chubanshe, 1995.

Zhongguo minjian gequ jicheng. Shanxi juan (Collected folk songs of China, Shanxi volume). Beijing: Renmin yinyue chubanshe, 1990.

Zhou Hanguang. *Zhang Zhidong yu Guangya shuyuan* (Zhang Zhidong and the Guangya Academy). Taibei: Zhongguo wenhua daxue chubanbu, 1983.

Zhu Shoupeng. *Guangxu chao donghua lu* (Records from the Donghua gate for the Guangxu reign). Beijing: Zhonghua shuju, 1958.

译　后　记

　　2010 年春节期间，我有幸在哈佛大学见到了沈艾娣老师，并向她请教了学业上遇到的一些问题。那时，我正在宾夕法尼亚大学学习，秋天即将返回北大完成博士学位。此后不久，我的导师罗志田先生推荐我翻译此书。

　　我早已读过该书的英文版，对作者的笔法甚为钦佩，这次也想借翻译的机会去读刘大鹏的日记。那年夏天，我特意去山西省图书馆，数次与馆员、主任联系借阅馆藏的刘大鹏日记手稿，均告失败。这时，我才意识到此日记已经成为镇馆之宝，恐非普通人能读到。计划落空后，我只能烦请沈老师在方便时复印她当初的笔记，以便尽量找到英文著作中所引的日记原文。沈老师不厌其烦地复印了多年前的笔记，笔迹清晰、内容细致，这更令我佩服沈老师做学问的认真。

　　翻译初稿经过较长时间的修订和斟酌，罗志田先生时时把关，中文题目也经他斟酌确定。其间，罗老师门下的诸位同学也在博士论文写作的百忙之际帮我润色文字。编辑张晗先生耐心细致，若离开他的精心修订，这本书恐怕要减色不少。当然，所有翻译中的错讹都由我个人承担。

赵妍杰

2013 年 7 月 20 日于北京